"走出去"战略下

中国对外直接投资区位选择研究

向姣姣 著

知识产权出版社

全国百佳图书出版单位

图书在版编目（CIP）数据

"走出去"战略下中国对外直接投资区位选择研究 /向姣姣著. — 北京：知识产权出版社，2016.6

ISBN 978-7-5130-4178-2

Ⅰ.①走… Ⅱ.①向… Ⅲ.①对外投资—直接投资—研究—中国 Ⅳ.①F832.6

中国版本图书馆CIP数据核字（2016）第095310号

内容提要

在"走出去"战略背景下，本书从理论、现实和实证三方面基于投资动机视角对中国对外直接投资区位选择的影响因素及效应进行了系统论证。理论方面，本书从国际直接投资区位选择角度结合投资动机视角首次全面地梳理了中国对外直接投资区位问题；现实方面，1979年8月"出国办企业"政策正式出台，2000年3月中国明确提出"走出去"战略，2012年中国首次成为世界第三大对外直接投资国，中国对外直接投资流量和存量分别覆盖了153与177个国家和地区，本书从纵向和横向角度全方位地剖析了中国对外直接投资区位选择；实证方面，本书精准识别了2003—2012年中国对可获取样本国家和地区对外直接投资区位选择的影响因素、贸易效应以及逆向技术溢出效应，有助于构建"新常态"经济下"引进来"和"走出去"基本平衡的投资促进体系。

本书适合中国"走出去"战略实施的企业决策者和政策制定者，致力于研究中国对外直接投资区位选择以及企业"走出去"战略选择的科研工作者，对中国开放型经济发展历程感兴趣的读者。

责任编辑：许波　　　　　　　　责任出版：刘译文

"走出去"战略下中国对外直接投资区位选择研究

"ZOUCHUQU" ZHANLUEXIA ZHONGGUO DUIWAI ZHIJIE TOUZI QUWEI XUANZE YANJIU

向姣姣　著

出版发行：知识产权出版社有限责任公司	网　　址：http://www.ipph.cn
电　　话：010—82004826	http://www.laichushu.com
社　　址：北京市海淀区西外太平庄55号	邮　　编：100088
责编电话：010-82000860转8380	责编邮箱：xbsun@163.com
发行电话：010-82000860转8101 / 8539	发行传真：010-82000893 / 82003279
印　　刷：北京中献拓方科技发展有限公司	经　　销：各大网上书店、新华书店及相关专业书店
开　　本：720mm×1000mm　1/16	印　　张：11.75
版　　次：2016年6月第1版	印　　次：2016年6月第1次印刷
字　　数：220千字	定　　价：39.00元

ISBN 978-7-5130-4178-2

前　言

　　作为参与国际分工和对外开放的主要方式，国际直接投资是维系世界经济发展的重要纽带，其实质是母国投资动机匹配东道国区位优势的国际资源配置的主要途径。随着中国"走出去"战略的日益深入，中国对外直接投资规模正成倍增长，其覆盖的国家和地区也在稳步增加，然而其区位分布所表现出的投资结构特征，仍以小规模投资为主，大规模投资高度集聚在少数国家和地区。在经济"新常态"背景下，为应对复杂多变的国际、国内环境，合理布局中国对外直接投资区位选择，优化匹配母国投资动机与东道国区位优势，使对外直接投资实现最大化的双赢发展，尤为重要。

　　基于此，本书以国际直接投资区位选择理论为分析框架，从母国投资动机的视角，揭示新时期中国对外直接投资的特点和发展趋势，一方面实证研究中国对外直接投资区位选择的影响因素，以捕捉中国对外直接投资区位选择的特征；另一方面实证研究中国对外直接投资区位选择所产生的进出口贸易效应和逆向技术溢出效应，以回答中国对外直接投资区位选择是否引致双赢发展。两方面研究内容的有机融合，以期得出适合现阶段中国对外直接投资区位选择和"走出去"战略的政策启示。通过经验分析，本书主要得到以下五点结论：

　　（1）中国对外直接投资已展现出以市场寻求型为主的多元化投资动机。中国对外直接投资的投资动机主要分为面向发达经济体的技术寻求型、面向新兴经济体与发展中国家的市场寻求型和面向资源丰裕类国家的资源寻求型。通过对投资动机与东道国的经济发展水平和要素禀赋的匹配，无论是流量还是存量，投资动机均以市场寻求型为主，并逐步向技术寻求型和资源寻求型转移。2003—2012年，中国面向新兴经济体与发展中国家投资的比重，流量和存量分别从2003年的87.9%和92.2%下降到71.0%和77.4%，面向发达经济体的投资，流量和存量分别从

2003年的6.5%和3.0%上升至2012年的11.8%和10.0%。面向资源丰裕类国家的投资,流量和存量分别从2003年的5.6%和4.8%上升至2012年的17.3%和12.6%。

(2)多元化的投资动机使中国对外直接投资正在形成别具一格的发展之路。世界对外直接投资发展经历了"第二次世界大战"后到20世纪90年代"多极化"发展的过程,21世纪以后,中国对外直接投资开始在规模和区位选择上成为后起之秀。中国对外直接投资萌芽于20世纪70年代末,从1979年8月"出国办企业"政策拉开了序幕,到2000年3月"走出去"战略的明确提出加速了步伐。历经30多年的发展,在多元化的投资动机驱动下,中国对外直接投资已经在总体规模、行业结构以及区位选择等方面取得了显著成效。2003—2012年,OFDI流量和存量分别保持了47.9%、34.0%的高增长,2012年,对外直接投资流量攀升至878.0亿美元,成为世界第三大对外直接投资国。行业结构逐步从低附加值、劳动密集型和低利润的重工业向高附加值、技术密集型和高利润的服务业倾斜,呈现国际直接投资服务化的良好趋势。区位选择也正在向广元化拓展,流量和存量面向国家和地区分别从2003年的99个和129个扩大到2012年的153个和177个,累计覆盖全球77.4%和81.0%的国家和地区。

(3)多元化的投资动机使中国对外直接投资面向不同类别国家和地区的区位选择表现出差异化的制度偏好。东道国制度是影响对外直接投资决策的重要驱动因素,从母国投资动机和东道国制度质量双重约束视角,基于2003—2012年中国面向全球142个国家和地区非金融类对外直接投资流量数据,利用Heckman两阶段选择模型和扩展投资引力模型,考察东道国政治、经济和法律制度环境对技术、市场及资源寻求动机下对外直接投资投资选择和投资规模的约束作用。结果发现:中国对外直接投资投资规模偏好优越的制度环境,而投资选择偏好恶劣的制度环境。在多元化的投资动机驱动下,技术寻求型对外直接投资投资规模对优越的制度质量依赖较弱,但市场和资源寻求型对外直接投资投资规模对其依赖较强,尤其是对政权稳定性、政府效率、监管质量和腐败控制。

(4)多元化的投资动机使中国对外直接投资面向不同类别国家和地区呈现差异化的贸易效应。进出口是国际贸易的重要载体,进出口贸易效应是对外直接投资区位选择首要且最直接的反馈效应。为此,从母国投资动机视角,在对外直接投资影响进出口贸易的机理分析基础上,基于2003—2012年中国对106个国家和地区对外直接投资存量和进出口贸易数据,利用扩展的投资引力模型,分别从总样本和分投资动机的子样本考察中国对外直接投资区位选择对进出口贸易产生的效应。结果发现:中国对外直接投资区位选择对进出口贸易产生了显著的创造效应,在多元化的投资动机驱动下,技术寻求型对外直接投资对于东道国的进口贸易具有显著的创造效应,市场寻求型对外直接投资对于东道国的出口贸易有显著的创造效应,资源寻求型对外直接投资对于东道国的进出口贸易均具有显著的创造效应。

(5)多元化的投资动机使中国对外直接投资面向不同类别国家和地区存在差异化的逆向技术溢出效应。技术是经济发展的持续源泉,逆向技术溢出效应是对外直接投资最深层次的反馈效应。为此,从母国投资动机视角,在中国对外直接投资逆向技术溢出效应机理分析的基础上,将对外直接投资逆向技术溢出按溢出来源分为技术寻求型、市场寻求型和资源寻求型三类,基于2003—2012年中国对76个国家和地区对外直接投资存量跨国面板数据和29个省份面板数据,利用扩展的CH模型,采用工具变量法,考察不同投资动机的对外直接投资逆向技术溢出效应的区域差异,检验不同投资动机的对外直接投资逆向技术溢出对中国及各地区TFP影响的差异性。结果发现:对外直接投资逆向技术溢出对中部地区TFP的增长呈显著的正效应。在多元化的投资动机驱动下,在"走出去"战略发展的当前阶段,积极的逆向技术溢出效应主要来源于对新兴经济体与发展中国家的市场寻求型对外直接投资。

本书对中国对外直接投资区位选择的影响因素和进出口贸易、逆向技术溢出两方面效应的研究,验证了国际直接投资区位选择理论在发展中国家的适用性,规范了相关问题的分析框架,也为中国对外直接投资区位选择和"走出去"战略得出了有益的政策启示。经济"新常态"背景下,随着中国对高度集聚投资结构的调整,合理匹配自身投资动机与东道国制度风险以优化投资,是保障"走出去"战略实现双赢发展的必经之路。同时,随着投资和贸易保护主义的抬头,适时调整投资动机,巩固和加强比较优势引导下的市场寻求型对外直接投资,积极关注资源寻求型对外直接投资,加大技术寻求型对外直接投资的力度,努力由传统的市场寻求型对外直接投资向技术寻求型对外直接投资转变,是保障"走出去"战略实现双赢发展的着力点。

随着中国对外直接投资在国际地位的提高,中国对外直接投资区位选择问题的研究将会持续得到国内外学者的高度关注,未来可能的研究能从以下几个方面展开:效率寻求型投资动机对中国对外直接投资区位选择的影响;借助高质量的微观数据和合适方法得出更为严格而细致的研究结论;投资主体和行业的异质性对中国对外直接投资区位选择的影响;投资结构调整下中国对外直接投资区位选择制度偏好的可能变化;技术吸收转化效率对中国实现对外直接投资逆向技术溢出效应的影响;中国对外直接投资区位选择对母国产业发展和就业等方面的影响。

向姣姣

2015年10月

目　录

第1章 绪论

1.1 选题背景与意义

1.1.1 开放型经济发展的现实需要

对外直接投资（Outward Foreign Direct Investment，OFDI）是国家和地区开放型经济发展的重要载体和表现形式。从2000年"走出去"战略的实施到如今，中国对外直接投资战略已经历了数十年的发展，开放型经济发展成绩突出。2013年中国OFDI流量和存量分别占全球的7.3%和2.5%，OFDI流量连续两年位列全球第3位，中国OFDI流量已经成为仅次于美国和日本的世界第三大对外直接投资国。

随着投资保护主义的抬头和世界经济格局的发展，开放型经济的发展面临着国内外经济环境的挑战。从国内的经济环境看，中国OFDI流量来源具有明显的省际差异特征，根据《2012年中国对外直接投资统计公报》的统计数据计算，由于中国经济发展的区域差异性，东部（78.2%）沿海地区的对外直接投资发展步伐明显较快，西部（12.8%）和中部（9.0%）的对外直接投资发展明显滞后；观察中国OFDI区位选择的特点，2003年，中国OFDI流量的区位分布依次集中在亚洲（52.5%）、拉丁美洲（36.4%）、欧洲（5.3%）、北美洲（2.0%）、非洲（2.6%）以及大洋洲（1.2%）；到2012年，中国OFDI流量依次分布在亚洲（73.8%）、欧洲（8.0%）、拉丁美洲（7.0%）、北美洲（5.6%）、非洲（2.9%）以及大洋洲(2.7%),中国OFDI区位选择日趋集聚于地理位置邻近的亚洲地区,对地理位置较远的拉丁美洲的投资急速下降,对北美洲和欧洲的投资呈小幅上升趋势。就全球经济发展而言,"全球价值链:投资和贸易促进发展"是《2013年世界投资报告》的主题,实现投资和贸易的一体化发展是当今世界经济发展的目标。因此,从国内和国际经济发展的角度出发,推进中国OFDI区位选择的合理布局有利于中国对外直接投资与对外贸易的协同促进发展和经济效应的最大化。

就中国经济发展政策而言,"适应经济全球化新形势,必须推动对内对外开放相互促进、引进来和走出去更好结合,加快培育参与和引领国际经济合作竞争新优势,以开放促改革"是党的十八届三中全会提出的重要指示。不断深化对外开放,促进构建开放型经济新体制是当前经济发展的重要任务,积极从传统的"引进来"战略为主转向贸易与双向投资良性互动是当前中国开放型经济发展的重点,而OFDI区位选择问题是"走出去"战略成败的关键问题。在中国对外直接投资规模成倍扩张的经济现象背后,透析开放型经济发展战略下中国OFDI区位选择的历史逻辑、投资结构以及给母国进出口贸易和技术提升带来的反馈效应具有重要的理论和现实意义。

1.1.2 FDI区位选择理论的深入拓展

OFDI区位选择是跨国公司对外直接投资决策面临的首要问题,重点解释国际直接投资流向何处去,直接影响到东道国优势的发挥和国际直接投资战略的成败(Dunning,1988)。因此,研究国际直接投资区位选择问题需要FDI区位选择理论的支撑。然而,开始于20世纪60年代,发展于20世纪70到90年代的国际直接投资理论主要研究母国的投资动机、投资决策及投资流向问题,虽然投资流向就涉及母国对外直接投资的区位选择,但缺乏国际直接投资区位选择的一般性理论(陈德铭,鲁明泓,2000;张娟,2006)。

理论层面上,本书的研究是传统国际直接投资理论的有益扩展和延续。国际直接投资理论的发展主要经历了主流国际直接投资理论、非主流国际直接投资理论以及对国际直接投资理论的创新阶段。传统的国际直接投资理论主要以主流国际直接投资理论展开,以美国和西欧发达国家大型跨国公司的海外直接投资行为为研究主体,经历了微观和宏观理论的发展阶段后逐渐走向融合,发展到国际直接投资折衷理论,标志着国际直接投资理论发展的成熟。接着,随着发展中国家在对外直接投资领域取得了突破性进展,研究发展中国家和中小企业对外直接投资行为的非主流的国际直接投资理论弥补了主流国际直接投资理论的研究缺陷,突破了发达国家垄断优势理论的分析框架。

然而,传统的国际直接投资理论却没有系统研究国际直接投资区位选择问题。关于区位理论的思想,最早可追溯到工业区位理论(Weber,1909),其较早考察企业经济活动与区位选择的关系,认为企业工业布局是为了实现生产成本的最小化。由垄断优势理论(Hymer,1960)发展起来的发达国家国际直接投资理论一开始并没有直接讨论国际直接投资的区位选择问题,直至 Dunning (1977)的国际投资折衷理论首次将国家区位优势引入国际直接投资理论的分析架构中,他认为国际直接投资的流向直接受到地区区位优势的影响,强调了人口流动制度、商业惯例、经济体制、政府战略、语言以及文化等制度因素对国际直接投资的影响。之后,越来越多的学者开始关注这一问题(鲁明泓,1999;Buckley et al.,2007)。虽然理论认识上对国际直接投资区位选择达成了共识,认为跨国公司偏好于选择具有较高保护率的国家开展国际直接投资,大量实证研究也开始关注 OFDI 区位选择问题。但是,在多元化的投资格局下,国际直接投资区位选择需要新的理论注解。

综上所述,本书的研究契合了当前国内外优化资源配置的现实背景和国际直接投资区位选择理论拓展的需要,对加快中国企业"走出去"战略实施的步伐具有重要的现实意义,指导跨国公司在对外直接投资中更好地利用国内以及国外"两个市场"和"两种资源",实现母国投资动机与东道国区位优势相匹配的 OFDI 区位选择。

1.2　主要研究方法

本书以国际投资学、区位选择理论、国际贸易理论、新制度经济学的相关理论为基础,构建"多维理论分析框架",采用数据描述法、比较研究法、机理与实证分析相结合以及理论与实际相结合等方法,以"投资动机→区位选择→反馈效应"为研究路线,研究中国OFDI区位选择的产业分布以及空间格局演化特征,从母国投资动机的视角,探究东道国宏观经济环境与制度距离等因素对中国OFDI区位选择的影响,以及OFDI区位选择对母国进出口贸易和技术提升产生的反馈效应。

(1)根据《2012年中国对外直接投资统计公报》的数据统计,在OFDI区位分布方面,中国当年OFDI流量面向国家和地区,从2003年的99个攀升至2012年的153个,累计涉及175个国家和地区,遍布亚洲、欧洲、拉丁美洲、北美洲、非洲以及大洋洲,中国OFDI存量累计覆盖183个国家和地区。基于此,本书运用经济统计的描绘方法,不仅对中国对外直接投资的概况进行数据统计,并且进一步运用可视化图形对中国OFDI区位分布进行空间上的统计描述。

(2)与世界发达国家相比,中国作为对外直接投资队伍中的后起之秀,在投资规模、投资来源、资金流向、投资主体及产业结构等方面都具有独特性,运用比较研究法,分别对中国OFDI区位选择与全球主要发达国家的投资规模和流向进行比较分析,对中国对外直接投资的投资来源进行东、中、西部差异性分析,对中国OFDI行业结构的变化加以捕捉,对中国OFDI区位选择的概况进行统计,以揭示中国OFDI区位选择的独特性演化特征。

(3)在对中国对外直接投资现状分析的基础上,运用机理与实证分析相结合的方法,一方面从理论上探寻中国OFDI区位分布和投资动机的机制;另一方面借助计量统计分析方法,客观剖析中国OFDI区位分布的空间异质性和依赖性,合理构建计量经济学模型,包括Heckman两阶段选择模型、扩展的投资引力模型以及扩展的CH模型,从投资动机的视角分析东道国宏观经济和制度质量因素对中国OFDI区位选择的影响,考察中国OFDI区位选择差异对母国引致的进出口贸易效应和逆向技术溢出效应。

(4)虽然20世纪70年代末中国就开始试图通过"出国办企业"的方式利用国际资源,但是作为中国第一代真正意义上对外直接投资的企业,在对外直接投资方面的经验与发达国家相比略显薄弱。在中国"走出去"战略对策研究方面,基于机理分析和经验检验的结果,运用理论结合实际的研究方法,厘正中国对外直接投资所处阶段,就当前阶段中国OFDI区位选择的发展给予路径支持和政策建议。

1.3　研究思路与内容

1.3.1　研究思路及框架

本书"中国对外直接投资区位选择影响因素及效应研究——基于投资动机视角"遵循"理论基础→现状考察→经验分析→政策建议"的路径设计,以"投资动机→区位选择→反馈效应"为研究路线,探讨母国投资动机和东道国区位优势匹配下的中国OFDI区位选择对母国进出口贸易以及技术提升的反馈效应。

传统意义上,对外直接投资对母国的贸易、就业、国内投资、国民经济结构以及国民收入是学者讨论的焦点(Zhao et al.,2010;Dierk,2011)。中国对外直接投资的贸易效应、就业效应、国民经济效应等是研究对外直接投资对母国经济的反馈效应的主要着力点。然而,一些假说认为获取市场和技术是当前中国对外直接投资高速增长的主要驱动因素。因此,本书选取中国OFDI区位选择的进出口贸易和逆向技术溢出的反馈效应建立了一个较为规范的分析框架,集中分析中国OFDI区位选择对母国的进出口贸易以及技术水平提升的推动作用。

基于"投资动机→区位选择→反馈效应"的研究主线,引入投资动机视角,本书从中国OFDI主要表现为市场寻求型、资源寻求型和技术寻求型三类投资动机的角度出发,依据中国面向该国家和地区的主要投资动机❶和其宏观环境,将样本国家和地区分为发达经济体、新兴经济体与发展中国家和资源丰裕

---

❶中国面向某些国家和地区的OFDI投资动机很可能是多元的,本书假定存在一个主要的投资动机。比如中国面向加拿大的OFDI,考虑到加拿大是发达国家,制造业和资源开发业发达,中国对其投资属于技术寻求型,但同时加拿大拥有丰富的自然资源,钾、铀、钨、镉、镍、铅等矿产资源拥有量名列世界前茅,原油储量仅次于沙特阿拉伯居世界第二,这样一来,中国对其进行投资将主要出于资源寻求型的投资动机。

类国家三大类,相比于将投资动机作为解释变量引入模型,这不仅有利于区位选择和反馈效应的深入研究,还能增进国家和地区分类的经济含义,更能为未来考察微观企业OFDI行为铺平道路❶。在考察中国OFDI区位选择的影响因素时,采用Heckman两阶段选择模型,一方面能克服因排除非连续性的OFDI行为可能引起的样本自选择问题;另一方面能为中国OFDI区位选择提供从投资选择偏好演变到投资规模扩张特征的全景式揭示。在考察中国OFDI区位选择对母国经济的反馈效应时,分别构建扩展的投资引力模型和扩展的CH模型,有效厘清了来自不同投资动机对应国家和地区的反馈效应。

本书以中国OFDI区位选择为立足点,在考察投资动机和制度质量双重约束视角下中国OFDI区位选择的决定因素上,探讨不同投资动机下的中国OFDI区位选择对母国产生的进出口贸易效应以及逆向技术溢出效应,具体的框架结构图如图1-1所示。

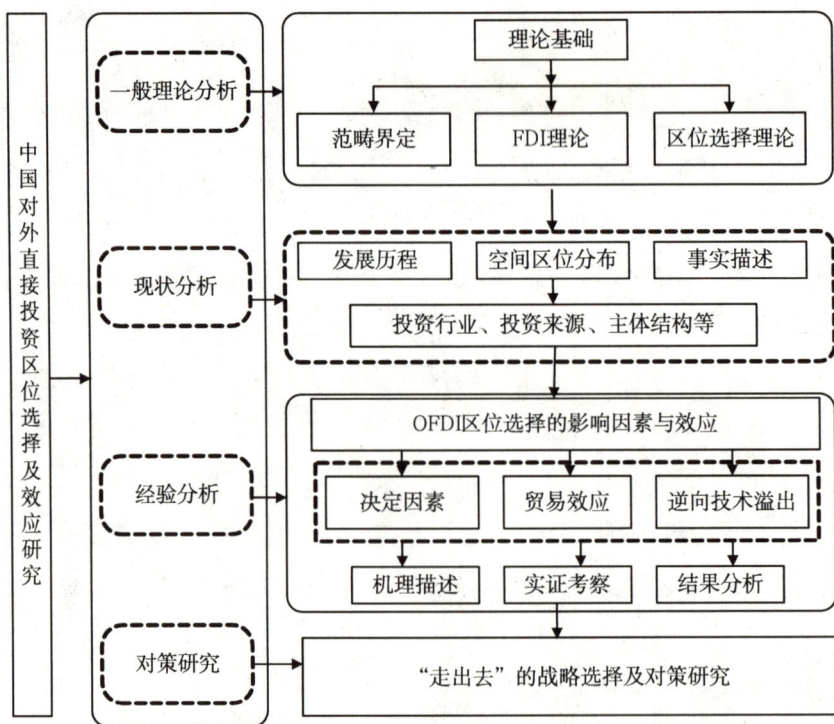

图1-1　本书的研究框架结构图

---

❶相比于从国家整体的考虑,企业面向某个国家和地区的OFDI投资动机可能会比较单一。

1.3.2 研究内容

第1章：绪论。从世界经济发展的国际背景、参与经济全球化发展的国内背景以及企业培育优势要素的现实背景出发，提出本书研究的背景及意义、主要的研究方法、研究思路与框架以及研究内容。

第2章：理论基础及文献综述。本章首先对国际投资、对外直接投资以及投资动机的概念进行界定；其次从区位理论、产业组织理论等理论中梳理国内外学者对国际直接投资区位选择问题的理解，探索出国际直接投资区位选择理论的发展脉络；最后，通过评述与本书研究相关的国内外文献，发现现有研究的不足，探明本书的研究路线和落脚点。

第3章：中国OFDI区位选择概况考察：2003—2012。本章意图通过经济统计和数理描述的方法对中国对外直接投资的发展总体趋势和特点进行分析，包括投资规模特征、投资主体、投资来源、行业构成以及避税动机，进一步地对中国OFDI区位选择的概况、分布特征、投资结构以及空间演变进行了描述，揭示中国OFDI区位选择的内在规律。

第4章：中国OFDI区位选择的影响因素。从母国投资动机和东道国制度质量双重约束视角，考察东道国政治、经济和法律制度环境对技术、市场及资源寻求动机下OFDI投资选择和投资规模的约束作用，即从中国OFDI区位选择偏好的角度出发，分析不同投资动机下中国对外直接投资的投资规模和投资选择的制度影响差异，综合母国经济发展水平、东道国宏观经济水平和制度质量的角度考察中国OFDI区位选择的影响因素。

第5章：中国OFDI区位选择的贸易效应。国际贸易和国际直接投资关系问题是经济全球化背景下广泛关注的问题。本章在对外直接投资影响进出口贸易的机理分析基础上，从投资动机的视角出发，研究技术寻求、资源寻求和市场寻求三类投资动机下的中国OFDI区位选择对进出口贸易的影响，以此解答中国OFDI区位选择对进出口贸易的影响是创造效应还是替代效应。

第6章：中国OFDI区位选择的逆向技术溢出效应。基于扩展的CH模型，采用工具变量法，从母国投资动机的视角，研究技术寻求、资源寻求和市场寻求三类投资动机下的OFDI逆向技术溢出对中国及各地区TFP的影响，以此解答OFDI逆向技术溢出效应在中国是否存在,以及不同投资动机下的OFDI逆向技术溢出是否会存在显著差异,这些差异又是否会显著传导到对TFP的影响效应之上。

第7章:结论。根据现实考察和经验分析结果,对全书研究的主要结论进行归纳,厘清当前中国OFDI区位选择所面临的挑战;并结合中国OFDI区位选择的特点提出"走出去"战略发展的对策及路径,为构建开放型经济发展新秩序提供政策建议,以优化中国OFDI区位选择的布局,由传统的"走出去"向"走上去"发展;其次,对全书的研究特色和创新点进行归纳总结;最后,提出本书存在的不足以及研究展望。

第2章 理论基础及文献综述

中国OFDI区位选择问题是本书研究的核心问题,国际直接投资理论是研究国际投资问题的基石。因此,本章将从三个部分梳理全书的理论基础。第一部分是文中涉及的基础概念的解释,包括国际投资、对外直接投资以及投资动机的概念和范畴;第二部分是厘清FDI区位选择理论的发展脉络,通过梳理文献可以发现,迄今为止还没有FDI区位选择的一般性理论,但工业区位论、产业组织理论、国际生产折衷理论及动态发展和国际贸易理论都关注到了国际直接投资区位选择问题,其中国际生产折中理论是首次正面提到国际直接投资区位选择问题;第三部分是对现有中国OFDI区位选择实证和路径研究进行归纳和评述。

2.1 范畴界定

2.1.1 国际投资

国际直接投资(Foreign Direct Investment,FDI)是由国际投资衍生而来的概念,研究中国OFDI问题,首先要了解国际投资的定义。国际投资是国际资本流动的重要组成部分,是以跨国公司、跨国金融机构、官方和半官方机构以及个人投资者为投资主体,以实物资产、无形资产以及金融资产(国际债券、国际股票、衍生工具)为投资客体,以实现价值增值为主要目的,在复杂的国际投资环境背景下实现货币资产和产业资产跨国界流动与配置的过程。

国际投资的浪潮起始于18世纪末到19世纪初期,在20世纪60年代至80年代逐渐发展壮大,20世纪90年代突飞猛进,成为国际资本流动的主体力量之一。与国际贸易一样,国际投资逐渐成为国际经济交往的重要形式,在经济全球化中扮演着日益重要的角色,是推动经济全球化的重要力量。根据不同的标准,国际投资的内涵各不相同。从投资主体的角度,国际投资分为官方投资(Public Investment)和海外私人投资(Foreign Private Investment);从投资方式的角度,国际投资分为独资、合资、并购和取得外国企业股份;从投资期限的角度,国际投资分为长期投资(Long-run Investment)和短期投资(Short-run Investment);从投资客体的角度,国际投资分为国际直接投资(Foreign Direct Investment, FDI)和国际间接投资(Foreign Indirect Investment, FII)。

2.1.2 对外直接投资

对外直接投资的概念来源于国际直接投资的范畴,按照国际资本的流动方向,从投资国即母国(Home Country)的视角出发,国际直接投资称为对外直接投资或者国际直接投资流出(Outward Foreign Direct Investment, OFDI);从受资国即东道国(Host Country)的视角出发,国际直接投资称为外商直接投资或者国际直接投资流入(Inward Foreign Direct Investment, IFDI)。由此可见,OFDI和IFDI,只是研究视角的差别,在定义上统称为国际直接投资。本书主要从国际直接投资母国的视角出发,研究中国对境外的国际直接投资,简称中国对外直接投资。

国际直接投资的定义主要存在于"有效控制"和"持久利益"的争议。"有效控制"被认为是实现"持久利益"这一目的的手段,关于有效控制的界限各国和组织机构的规定各不相同,国际货币基金组织认为一个紧密结合的组织在所投资企业中拥有25%以上的投资股即可以作为拥有控制所有权。国际货币基金组织(International Monetary Fund, IMF)和国际经济合作组织(Organization for Economic Cooperation and Development, OECD)的共同点在于都注重强调企业持久利益的获得,IMF(1985)注重企业在经营管理中拥有实际发言权,而

OECD(1996)强调投资国或称母国在受资国或称东道国的获取持久利益采取的活动。

在国际直接投资理论和实务研究领域中,国际直接投资是与国际间接投资相对应存在的,国际间接投资是以金融资产等虚拟资本的流动为客体,为推动金融全球化的发展做出了重要贡献。而国际直接投资是以实物资产和无形资产等实业资本的跨国流动为主要形式,带动着资本、劳动、信息、管理以及技术等一揽子经营要素的跨国转移、流动及资源配置,推动着世界范围的资源整合,对国际生产一体化的深化起到了显著的推动作用。从子公司与母公司的生产经营方向是否一致的角度,国际直接投资可分为水平型FDI、垂直型FDI以及混合型FDI;从投资者的取得方式上,OFDI中实物资产的取得主要通过绿地投资和并购(Mergers and Acquisitions,M&A)的方式,目前跨国并购是主流趋势,无形资产主要通过跨国公司体系内部的R&D获取。

本书关于中国OFDI数据均来自历年的《中国对外直接投资统计公报》,因此,直接引用《2012年中国对外直接投资统计公报》关于对外直接投资这一概念解释(商务部、国家统计局,2005),即"对外直接投资是指我国企业、团体等(以下简称境外投资者)在国外及港澳台地区以现金、实务、无形资产等方式投资,并以控制国(境)外企业的经营管理权为核心的经济活动。对外直接投资的内涵主要体现在一经济体通过投资于另一经济体而实现其持久利益的目标"[1]。

2.1.3 投资动机

经济全球化背景下,跨国公司(Multinational Enterprise,MNES)作为投资主体,其长远目标是生存和发展对外扩张,究其根本动机是获取超额利润(李国平,2000),通过对外直接投资寻求高额利润,增强自身的核心竞争力。由于OFDI投资主体的禀赋各有差异,对外直接投资的具体动机又呈现多样化的特点,主要有以下几类:

---

[1]《中国对外直接投资统计公报》由中华人民共和国商务部、中华人民共和国国家统计局、国家外汇管理局编,为了与其数据和统计研究一致,本书采用其关于"对外直接投资"的定义。

（1）市场寻求型投资动机。市场寻求型 OFDI 主要在于东道国有吸引跨国公司国际直接投资流入的市场优势，母国企业对外直接投资的目的是占有更多的世界市场份额，具体目的可分为四类：一是保护和扩大原有市场，通过对外直接投资的方式更能熟悉东道国的市场，扩大出口贸易的规模；二是开辟新市场和销售渠道，在从未开发过的东道国市场开展对外直接投资，引致更多的出口需求；三是规避贸易限制和障碍，随着贸易保护主义的抬头，通过对外直接投资的方式可实现对产品进口国或贸易环境宽松的第三国的投资，以此避开贸易摩擦；四是跟随竞争者，尤其在寡头垄断市场结构中，当其中一家企业率先到国外进行对外直接投资后，其他企业为了维持世界市场份额也会选择跟随。因此，市场寻求型 OFDI 不仅可以增加东道国市场和全球市场的份额，还可以有意避开国内市场的竞争。

（2）自然资源寻求型投资动机。自然资源寻求型 OFDI 主要在于东道国有吸引跨国公司的国际直接投资流入的自然资源优势，包括矿产、森林、渔业、耕地以及水域等。自然资源寻求型 OFDI 主要有两种方式：一是跨国公司为了获取东道国丰富和廉价的自然资源而开展的投资，这类投资动机下的对外直接投资主要流入具有自然资源禀赋的国家和地区，主要通过在当地开采石油、矿产资源、天然气等自然资源并加以利用；二是为了当地独一无二的资源，通过 OFDI 的方式在当地生产市场占有率较高的最终产品。自然资源寻求型 OFDI 通常是由母国政府推动下国有企业（State-owned Enterprises，SOEs）主导（Luo，Tung，2007），在反经济全球化的浪潮中，由于部分经济不发达的国家和地区拥有资源禀赋优势，成为资源寻求型 OFDI 的主要流入地，如非洲地区。因此，西方国家认为自然资源寻求型 OFDI 是推行"新型殖民主义"的方式，以此进行经济渗透和扩张。

（3）战略资产寻求型投资动机。战略资产寻求型 OFDI 主要在于东道国具有吸引国际直接投资流入的人才优势、智力资源、信息、管理经验、先进技术以及资金优势，主要有三种方式：一是通过并购东道国企业的方式获取内部技术资料、信息；二是通过合资、合作的方式参与企业运作，直接学习、消化、吸收东道国企业的管理经验和技术；三是通过在海外设立研发机构,捕捉东道国的先进技术以及收集信息。此外,战略资产寻求型 OFDI 通常发生在发展中以及欠发达的国家和地区对发达国家和地区逆向利用型 OFDI 过程中,母国通过 OFDI 的方式以逆向技术溢出的渠道获取东道国先进的技术、信息、管理经验、高端人力资源以及商标专利等带来的技术溢出效应。

(4)效率寻求型投资动机。效率寻求型 OFDI 是指当母国的生产成本较高时,跨国公司为了降低生产成本,提高工作效率而寻求向劳动力效率较高的东道国开展 OFDI。当国内的生产成本高于产品出口目的国时,跨国公司通常通过 OFDI 的方式在国外生产并实现当地销售,以此降低生产、运输成本及贸易成本,提高企业利润。效率寻求型 OFDI 主要流向具备充足且廉价劳动力资源优势的东道国。

(5)分散风险型投资动机。国际直接投资区别于国内投资的重点之处在于国际直接投资面临着复杂的国际环境和不可预测的风险,主要包括自然条件风险(气候、自然灾害)、经济风险(利率风险、通货膨胀等)、政治风险(政治动荡、政策变动等)、社会文化风险(宗教)以及语言障碍等。随着世界经济联系的加强,通过 OFDI 的方式根据需要在不同国家和地区建立子公司是跨国公司减少和分散风险的重要途径,可以确保利润和分散风险。

(6)优惠政策寻求型投资动机。随着贸易保护主义的抬头,出口国时常遭遇反倾销、反补贴等非关税壁垒,贸易争端不断,对外直接投资成为规避贸易摩擦的一种常用手段。宽松的贸易投资环境、税收减免优惠以及政策支持等优惠的贸易政策成为跨国公司 OFDI 的重要吸引力。例如,"出口平台型"OFDI 就是为了减少与贸易伙伴的摩擦。此外,中国香港、英属维尔京群岛等著名的投资避税地作为投资中转地都受到跨国公司的青睐。

(7)环境污染转移型投资动机。随着雾霾、全球变暖等极端气候的出现,环境污染成为人类生存和经济发展面临的世界性难题。由于发达国家和地区在环境管制方面具有严格的法律法规和监管制度,因此发展中国家成为跨国公司对外直接投资的主要东道国。这便形成了著名的污染避难所假说(Pollution Haven Hypothesis)，与发达国家相比，环境规制较低的发展中国家会获得污染密集型产业的比较优势，成为发达国家转移污染密集型产业的天堂（Baumol，Oates，1988；Chichilnisky，1994）。因此，这也成为跨国公司 OFDI 的动机之一。

(8)避税型投资动机。近年来，随着中国资本外流的加剧，避税型 OFDI 投资动机受到广泛的关注。避税型投资动机主要是以逃避母国的高税收为目的，将无税避税港或低税避税港作为资本转移的东道国，这些国家和地区又称"避税天堂"，往往具有税收低甚至完全免征税收的特点，注册要求较低并且政府的监管力度较小，选择这些避税地投资可以减少企业的运营和投资成本，获取更多的超额利润。

2.2　理论基础

国际直接投资区位选择是企业国际化经营的重点问题，但至今未形成区位选择的一般性理论（陈德铭，鲁明泓，2000；张娟，2006）。国际投资区位选择理论旨在研究母国跨国公司的 OFDI 区位选择行为，是对区位选择问题科学的理论注解。按照理论发展脉络，国际直接投资区位理论区分为以国际贸易学说和产业组织理论为基础发展起来的思想，直到邓宁（Dunning，1977）提出的国际生产折中理论，首次将区位理论与对外直接投资相结合，相继出现的投资发展周期理论将国际生产折衷理论进行了进一步的动态发展。而后，发展中国家国际直接投资适应性理论对发展中国家的 OFDI 区位选择进行了合理的解释。如图 2-1 所示，本章梳理了国际直接投资区位选择的相关理论。

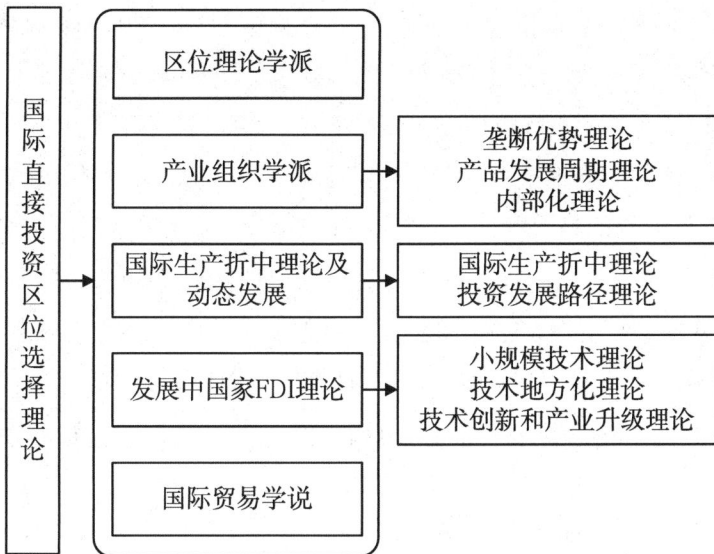

图2-1　国际直接投资区位选择理论分析框架

2.2.1　区位理论学派

区位理论是研究区域经济问题的核心基础理论,包括传统古典区位理论和新古典区位理论。古典区位理论的先驱者是 Thunnen(1826),奠定了农业区位理论的基础,他提出了"杜能圈"的概念,认为农产物产地和厂商区位应选择接近消费市场,以此减少运输成本,从而实现利润最大化。而后,德国学者 Weber(1909)[1]提出了工业区位理论,是工业区位理论的奠基者,旨在研究工业活动的空间区位分布方面的规律是以企业生产成本最低为目标,认为运输成本、劳动力成本、市场容量以及产业集聚都会影响工业区位分布,具体包括运输费用、工资、土地费用、原材料及燃料费用、利率等因素。工业区位理论旨在研究本国范围内工业活动的分布规律,即以费用成本的最低化为最优,以市场为中心的区位分布理论。

新古典区位理论认为随着社会的发展,企业工业布局和经济活动不再仅受到运输成本的影响,产品的销售已成为中心问题。德国经济学家克里斯泰格(Christaller, 1933)[2]在《德国南部中心地理原理》一书中提出了中心地理论,从

---

[1] 王方方. 异质性条件下中国对外直接投资区位选择[D]. 广州:暨南大学,2012.

[2] 王方方. 异质性条件下中国对外直接投资区位选择[D]. 广州:暨南大学,2012.

区位选择角度阐述了城市与其他级别中心等级系统的空间结构理论,把区位理论的对象从农业和工业领域扩展到城市,为市场区位奠定了基础。勒施(Lorsh,1939)❶在《区位经济学》一书中进一步发展了工业区位论,他运用数学方法证明了企业的市场区位在地理上是一个六边形,在现实中表现为多个流动性且重叠的蜂窝状网络,他认为区位因子的内涵包括经济、自然、人及政治等因素。勒施的市场区位理论的贡献在于以最大利润化原则替代了Weber的成本费用最低化原则,引入了成本和需求两个空间系数分析区位选择问题,在考虑最佳区位时不仅考虑单个厂商而且考虑厂商之间的相互依存关系。传统的古典区位理论直接或间接地影响了国际直接投资区位理论的发展。

2.2.2 产业组织理论

国际贸易理论主要是从国家和区域角度出发,继而转移到企业和行业因素,用与区位相联系的因素解释国际贸易和投资产生的原因和流动的方向。与之相反,国际直接投资理论是从企业的角度出发。国际直接投资理论旨在研究跨国公司OFDI的决定因素、发展条件以及行为方式的理论,主要包括研究西方大型跨国公司OFDI行为的主流国际直接投资理论和研究发展中国家OFDI行为的非主流的国际直接投资理论以及对国际直接投资理论的创新。因此,从产业组织理论的角度去梳理国际直接投资区位选择理论,就是在探讨国际直接投资理论与区位选择理论的交融。

(1)垄断优势理论与区位选择。

垄断优势理论是由美国经济学家Hymer(1960)在其博士论文《国内企业的国际化经营:对外直接投资的研究》中首次提出的,后由Kindleberger(1969)等学者对这一理论进行了补充,形成了最早且最有影响力的国际直接投资理论即垄断优势理论(逄增辉,2004)。垄断优势理论是国际直接投资理论的先驱,其认为企业对外直接投资的原因在于垄断优势,垄断优势的核心思想在于其认为美国企业对外直接投资的决定因素是垄断优势,垄断优势可以帮助跨国公司有效地与当地企业竞争并获取利润。

---

❶陈德明,鲁明泓. 国际直接投资区位理论的发展及其启示[J]. 世界经济与政治论坛,2000(2).

Hymer(1960)认为具有先天优势的本地企业竞争,进入东道国市场的跨国企业必须具备相当的补偿优势,这种补偿优势不仅能使跨国公司克服当地市场劣势,还能弥补远距离海外生产产生的成本。Kindleberger进一步将跨国公司的垄断优势按市场不完全的类型进行了分类,市场不完全竞争条件下跨国公司通过对外直接投资控制东道国企业,包括由产品市场不完全、要素市场不完全以及规模经济市场不完全带来的内在垄断优势和由政府政策带来的外部垄断优势。对于发达国家的对外直接投资而言,内在垄断优势是主要的,外在垄断优势是次要的。企业国际化经营主要有出口、技术转让和国际直接投资三种模式。市场不完全是垄断优势的根源,垄断优势是国际化企业在跨国经营中选择对外直接投资的动因。垄断优势理论提出的OFDI机制如图2-2所示。

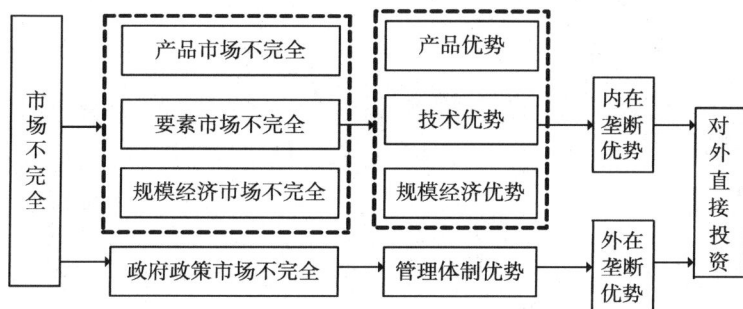

图2-2　垄断优势的分类及形成原因

垄断优势理论突出了知识资产和技术优势这两种要素在跨国公司对外直接投资中的重要作用,能够很好地解释西方大型跨国公司的OFDI行为。但其存在一定的局限性:首先,该理论解释了发达国家OFDI的优势和条件,但忽略了对外直接投资也是企业获取竞争优势和特定要素的途径和方式;其次,垄断优势理论过分强调垄断优势是企业对外直接投资的充分必要条件,在对外直接投资的实际案例中,垄断优势只是在一定条件下引导和激发跨国公司的对外直接投资行为,不具备垄断优势的企业也可以进行对外直接投资获取战略性资产。

（2）相对优势与产业区位选择。

国际产品生命周期理论是由美国经济学家Vernon（1966）在《产品周期中的国际投资与国际贸易》一文中首次提出的，用来解释OFDI的投资动机、过程和区位选择。

根据产品生命周期理论，OFDI是产品生命周期四个阶段交替的结果，包括产品创新阶段、成熟阶段和标准化阶段，主要包括三类梯度发展的国家：一类是发达国家，它们属于新产品的创新国；二类是次发达国家和发展中国家，主要新兴工业化国家能够快速模仿发达国家的技术；三类是发展中国家，它们在劳动力成本上具有优势。这个周期在不同技术水平的国家里发生的时间和过程也存在差异，不同国家在技术水平上的差距会导致同一产品在不同国家竞争地位的差异，从而决定了国际贸易和国际投资区位选择的变化和空间位移。产品生命周期理论认为产品的比较优势是不断转移的，企业的创新和模仿能力是企业生存和处于比较优势地位的重要因素。

在产品生命周期的第一个阶段即创新阶段，创新国即发达国家拥有技术和产品的垄断优势，产品生产集中在国内，通过出口满足国外消费者的需求，这一阶段没有OFDI活动；当产品的发展进入成熟阶段后，投资者通过产品的差别避免直接价格竞争，当国内生产成本高于国外时，企业为了追逐利润的最大化就会选择对外直接投资。同时，国外也会出现竞争者，次发达国家的厂商开始模仿。创新国为了保持市场占有率，会到海外建立分公司、子公司或者附属机构。随后，产品逐渐过渡到产品生命周期的第三个阶段即标准化阶段，这时产品的生产技术已经完全成熟，不再具有技术上的领先优势，产品的价格优势已经取代了相对技术优势成为竞争的基础。为了降低成本，企业经营者将生产转移到成本低廉的地区，开始选择在能保证产品价格最低的地区建立子公司和分支机构，具有劳动力优势的国家成为这一阶段企业对外直接投资的首选，当在第三国生产的产品大量返销到国内时，企业跨国经营的方式逐渐从出口转向对外直接投资，该产品的生命周期结束，企业的对外直接投资结构基本稳定。

综上所述，Vernon（1966）的产品生命周期理论存在两个优点：其一，以动态比较优势的视角将国际贸易理论和国际直接投资理论结合起来，弥补了垄断优势理论从静态层面分析 OFDI 行为的不足。产品的生产在其生命周期的不同阶段会发生转移，每个国家和地区都能凭借资源禀赋生产；其二，产品生命周期理论间接动态考察了企业技术垄断优势、投资国的区位优势和东道国的区位优势。但是，产品生命周期理论也属于主流的解释发达国家 OFDI 行为的理论，并且产品生命周期理论的研究对象是具有创新性的工业制成品，不包括生产要素，因此无法解释资源开发型和技术获取型的对外直接投资。

（3）交易成本与区位选择。

市场内部化理论是由英国经济学家 Buckley 和 Casson（1976）在《跨国公司的未来》一书中提出的。市场内部化理论以发达国家跨国公司为研究对象，以科斯和威廉姆斯等人的交易成本理论为基础，从市场不完善的视角出发，系统阐述了公司对外直接投资现象以及跨国公司出现的原因，即企业通过跨国公司的内部活动实现了交易成本的最小化和利益的最大化。进一步地，Rugman（1981）认为 OFDI 是企业跨国经营中最有利的选择，其实现了母公司与海外子公司之间技术的内部转移。

内部化理论对 OFDI 区位选择也有提及。内部化理论认为产业、公司、国家以及区位是影响内部化的主要因素。产业因素是影响内部化的关键因素，当某一产业存在多阶段的生产特点时，中间产品必然产生交易，市场内部化可以克服供求双方在外部市场交易产生的摩擦和波动；公司因素是不同企业的组织结构、管理能力、控制和协调能力对内部化产生的影响；国家因素是东道国的政治稳定性、法律和经济制度是否健全等对跨国公司业务产生的影响；区位因素是指母国与东道国在地理距离和文化的差异对母国 OFDI 决策的影响。

综上所述，内部化理论发展了国际直接投资理论，垄断优势理论沿着"市场不完全→垄断优势→对外直接投资"的方向研究发达国家的 OFDI 行为，内部化理论沿着"中间产品市场不完全→交易成本增加→实行对外直接投资→公司利润最大化"路径研究 OFDI 投资动机和决定因素，内部化理论研究的基点"中间产品市场不完全"是垄断优势理论中"市场不完全"的一部分，因此，内部化理论可以同时解释发达国家和发展中国家的OFDI行为。此外,内部化理论为企业选择出口、许可证交易还是对外直接投资的国际化经营方式提供了依据。当企业的对外贸易面临贸易保护主义时,交易成本会增加,出口不是企业的最佳选择。许可证交易的缺陷是前期存在信息不对称,买方难以支付足够的费用,后期存在技术公共性引起的技术扩散的风险,在市场交易配套制度不健全的情况下,企业面临收益受损的风险。企业通过对外直接投资可以实现市场内部化,减少交易成本,实现利润最大化。但是,内部化理论也存在局限性,该理论对出口导向型和资源开发型的对外直接投资缺乏解释力度。

2.2.3 国际生产折衷理论及动态发展

产业组织理论和国际贸易理论对跨国公司OFDI的解释各有特点,产业组织理论是从微观层次上分析厂商行为及市场结构对跨国公司OFDI行为的影响,国际贸易理论是从宏观层面上强调国家要素禀赋对OFDI的决定作用。国际生产折衷理论首次提出国际直接投资的区位选择问题。

(1)国际生产折衷理论。该理论是由英国经济学家Dunning(1977)在《贸易、经济活动的区位和跨国公司:折衷理论探索》一书中提出的,他认为企业进行对外直接投资是该企业拥有的所有权优势、内部化优势和区位优势三个因素综合作用的效果。因此,国际生产折衷理论又被称为折衷范式(Electric Paradigm)或者OL范式(Ownership-Internalization-Location Paradigm)。

所有权优势又称为企业优势、垄断优势和竞争优势,包括企业在技术、企业规模、管理能力以及资金方面的优势;内部化优势是企业利用内部的国际生产和运营体系获得更大的利益;区位优势是东道国在自然环境、经济制度以及政策等方面的竞争优势,说明企业在对外直接投资和出口之间的选择,区位优势主要包括资源禀赋优势和制度政策优势,资源禀赋优势是指东道国拥有丰富的自然资源、优惠的生产要素价格、廉价的土地和劳动力以及优越的地理位置等;制度政策优势是指拥有完善的法律法规、健全的财产保护制度以及自由宽松的经济制度。所有权、内部化和区位优势的动态组合决定了企业采取OFDI、出口贸易还是技术转让的方式开展国际化经营战略。

当企业只拥有所有权优势时,技术转让是企业参与国际化经营的最佳选择;当企业同时具备所有权和内部化优势时,出口贸易是企业参与国际化经营的有利选择;当企业同时具备所有权优势、内部化优势和区位优势时,FDI是企业参与国际化经营的最优方式。

综上所述,Dunning(1977)的OIL理论考虑了市场不完全的情况下跨国公司国际直接投资活动,基于Hymer(1960)的垄断优势理论和Buckley和Casson(1976)的内部化理论,融入了区位优势因素,被广泛运用于分析跨国公司国际直接投资的动机和优势。但是其存在一定的局限性,其一,Dunning(1977)以OFDI、出口贸易和技术转让方式的收入相同为前提,主要从成本方面考虑国际经济活动方式的差别,这不符合现实条件。其二,OIL理论暂时没有考虑企业国际化经营方式的风险差别。

(2)投资发展路径理论。该理论(Investment Development Path,IDP)由Dunning(1981)提出,是国际生产折衷理论的动态发展,从动态角度运用实证分析解释了一国FDI规模与人均国民生产总值(Gross National Product,GNP)之间的关系,即FDI规模随着人均GNP的提高产生周期性变动。

Dunning(1981)将IDP理论分为4个阶段,当人均GNP低于400美元时,本国的国际直接投资处于第一阶段时,此时对外直接投资净额较少,只有少量外国直接投资流入本国,本国没有进行对外直接投资,对外直接投资净额等于或者接近于零;当人均GNP处于400美元到1500美元之间时,本国的国际直接投资处于第二阶段,在这个阶段,外商直接投资逐渐流入该国,利用外资规模增加,本国企业也开始进行对外直接投资,国际直接投资开始流出,但对外直接投资净额小于零且绝对值呈增长趋势;当人均GNP处于2000美元至4750美元时❶,本国的国际直接投资处于第三个阶段,在这个阶段,本国的国际直接投资规模迅速扩张,本国的对外直接投资增长速度逐渐加速,外商直接投资流入的增速放缓,对外直接投资净额仍为负值,但是开始呈现正增长的趋势;当人均GNP处于2600美元至5600美元时,一国的国际直接投资处于第四个阶段,本国的对外直接投资金额开始超过利用外商直接投资的金额。Dunning(1986)和

---

❶ Dunning(1981)的IDP理论中第三阶段和第四阶段人均GNP设定的范围略有重合,原因在于当国际直接投资规模发展到一定水平后,投资行为不能仅仅靠人均GNP这一解释指标来衡量。

一些学者对 IDP 理论进行了拓展,将发展路径扩展到第五阶段,这一阶段人均 GNP 已不能解释投资行为。

邓宁的投资发展路径理论认为,在经济发展的前四个阶段各个国家的国际直接投资流动与人均 GNP 有系统的相关性,对外直接投资净额呈 U 型或 J 型曲线分布,但发展到第五个阶段,人均 GNP 对对外直接投资净额的影响将不显著。

2.2.4 发展中国家 FDI 适用性理论

主流的 FDI 理论适用于分析发达国家的国际直接投资活动,其认为国际直接投资的原因在于企业具有垄断优势,这无法解释发展中国家的对外直接投资行为。20 世纪末 21 世纪初期,新兴工业化国家以及发展中国家相继参与到国际直接投资的行列中,跨国公司成长突飞猛进,经济得到快速发展。新加坡就是典型的案例,20 世纪 60 年代初期,由于受到自然资源禀赋匮乏、工业基础薄弱以及失业率较高等因素的限制,通过"外向型、开放型"经济发展模式经济迅速崛起,创造了"亚洲四小龙"的奇迹。随着发展中国家更多地开展国际化经营活动,相继出现了适用于解释和研究发展中国家 OFDI 行为的非主流 FDI 理论。

(1)小规模技术理论。

小规模技术理论是由美国经济学家 Wells(1983)在《第三世界的跨国公司》一书中提出的。小规模技术理论认为发展中国家 OFDI 的投资动机来源于生产成本优势,发展中国家的技术创新活动在于对生产工艺的局部改造和对发达国家生产技术的调整,以用于本国小规模生产。

小规模技术理论认为发展中国家掌握着小规模生产技术,能更好地服务于发展中国家市场;其次,发展中国家对外直接投资的一个鲜明特点是"民族纽带式"投资,通过选择在地理位置、生产条件、制度文化与母国相近的东道国,因此在海外生产民族产品时具有明显的生产要素获取优势和成本优势;最后,发展中国家拥有产品的低价营销战略。发达国家在产品营销方面善于采用品牌战略树立产品的形象,依靠良好的信誉和差异化的产品获得竞争优势。与之相比,发展中国家多依靠物美价廉的产品获得市场份额,提高市场占有率。

综上所述,小规模技术理论有力地解释了发展中国家在 21 世纪以后对外直接投资活动的"井喷式"发展。但是,小规模技术理论属于技术被动论,发展中国家的技术优势在于使用发达国家的"降级技术",发展中国家永远在填补发达国家的市场空白。另外,发展中国家的小规模技术局限于对发达国家现有技术的继承,无法解释发展中国家对高新技术产业的对外直接投资行为,尤其是开放型经济发展的当前阶段,发展中国家在附加值高的行业中的对外直接投资比重日益上升。

(2)技术地方化理论。

技术地方化理论是由英国经济学家 Lall(1983)在《新跨国公司:第三世界企业的发展》一书中提出的。技术地方化理论认为发展中国家跨国公司的技术具有规模小、标准化以及劳动密集型的特征,发展中国家通过对发达国家的对外直接投资可以消化、吸收并改进国外的先进技术,保持并发展自身的"特定优势"。技术地方化理论认为发展中国家对外直接投资具有四点特定优势。

技术地方化理论认为,与发达国家不同,首先,发展中国家拥有技术当地化的优势,这种技术与一国的要素价格和质量密切相关,能够适应发展中国家市场的需要;其次,发展中国家拥有较强的模仿和改造能力;再次,发展中国家的技术创新能够为发展中国家的小规模生产带来经济效益;最后,在产品特性上,与发达国家的品牌产品相比,发展中国家能够生产出满足消费者品位和购买能力的产品。

综上所述,技术地方化理论认为发展中国家对外直接投资的竞争优势来源于对发达国际先进技术的引进、消化、吸收以及再创新的能力,与小规模技术理论相比,强调的是企业引进技术并且再生的过程,不是简单的模仿和复制。

(3)技术创新与产业升级理论。

技术创新与产业升级理论是由英国经济学家(Cantwell,Tolentino,1990)在《技术积累与第三世界跨国公司》一文中提出的。该理论认为无论是发展中国家还是发达国家,技术积累对经济增长都具有明显的促进作用,是一个国家产业发展的根本动力。不同的是发达国家的技术创新依赖于研发费用的投入和顶尖技术的掌握,发展中国家则依靠"学习经验"和"吸收能力"基础上对国外先进技术的"再创新"。因此,发展中国家的技术创新具有两个特点。

其一,技术能力的提高是产业结构升级的条件,而发展中国家技术能力的提高是一个不断累积的过程,通过生产经验的积累,最终实现技术的自主创新。

其二,发展中国家的技术创新与母国对外直接投资规模的增长呈正相关关系,而技术能力的积累与国际生产活动的增加呈互为因果的关系。

综上所述,该理论梳理了发展中国家OFDI的地理区位分布和产业结构分布,阐明了发展中国家以技术累积为内在动力,逐步实现资源寻求型OFDI到技术寻求型OFDI的过渡。在地理区位分布方面,发展中国家OFDI地理区位分布倾向于"周边国家—发展中国家—发达国家"的渐进式发展模式,通过对周边国家投资增加对外直接投资经验,逐步向发展中国家投资开辟市场并获取自然资源,最后转向对发达国家投资获取先进的技术和管理经验。这一理论也较好地解释了20世纪80年代以后,新兴工业化经济体和其他发展中国家的对外直接投资活动以及随之产生的产业结构变化、技术水平提升的效应。

2.2.5 国际贸易学说与区位选择

20世纪70年代中期以前,垄断优势和产品生命周期理论普遍用于日本学者解释日本的对外直接投资行为。20世纪70年代中期以后,学者提出主流的FDI理论不能用于解释日本的对外直接投资活动。迫于日本国内经济发展的压力,20世纪60年代末,日本开始大规模地对外直接投资。日本经济学家Kojima(1978)在分析日本对外直接投资特点的基础上,在《对外直接投资:跨国经营的日本模式》一书中提出了比较优势理论。

比较优势理论客观地反映了20世纪60—70年代日本对外直接投资的特点,该理论强调"顺贸易导向的对外直接投资"有利于投资国与东道国之间贸易的扩大和产业结构的调整。此外,该理论根据日本对外直接投资特点将对外直接投资战略与投资动机相结合。由于日本面临着资源短缺以及人多地少的发展"瓶颈",Kojima(1978)鼓励企业开展资源开发型和市场寻求型OFDI。

20世纪80年代以后,随着日本垄断优势的增强和产业结构的升级,同时国际贸易保护抬头,贸易替代型的对外直接投资增多,边际产业扩张理论不能解释这一时期日本的对外直接投资行为。边际产业扩张理论更多地强调发达国家的比较优势和对外直接投资行为,忽视了发展中国家的"后发优势",很难说明发展中国家对发达国家的逆梯度上行对外直接投资。

2.3 现有研究综述

从"走出去"战略的提出,到加入WTO,中国开放型经济发展模式逐渐深化。中国作为最大的发展中国家和经济转型国家,对外直接投资模式具有其独特性,逐渐形成了"对外贸易大国→吸引外资大国→对外直接投资大国"三位一体的对外开放格局(郑展鹏,2012),越来越多的学者也开始研究中国对外直接投资问题。基于研究需要,主要从中国OFDI区位选择决定因素研究、经济效应研究(贸易效应研究和逆向技术溢出效应)以及发展路径研究三个方面对现有研究予以总结。

2.3.1 OFDI区位选择决定因素研究

中国OFDI区位选择决定因素的研究主要基于投资扩展引力模型的方法,运用跨国面板数据和时间序列数据进行实证考察,在变量选取上主要分为两类:一类是基于母国硬环境和东道国宏观经济的考察,另一类是基于东道国制度质量的研究。

(1)传统变量的考察:经济视角。

关于中国OFDI区位选择决定因素的研究,国外学者Buckley et al.(2007)建立面板回归模型考察了中国对外直接投资的影响因素,国内学者也随之开展了大量的研究,他们通常以IDP理论和OIL理论为基础,将母国对外直接投资行为与投资动机的假设研究相结合,认为吸引不同投资下的对外直接投资需要东道国具有较强的区位优势,包括充裕的市场需求、低廉的劳动力成本、丰富的自然资源以及优于母国的技术。在开放型经济发展的当前阶段,市场寻求是中国跨国公司对外投资的重要考虑因素,但随着中国人口红利的逐步降低和劳动力成本逐渐上升的中长期趋势,劳动力成本也是重要的考察因素(阎大颖,2013),垂直型对外直接投资的区位选择的重要目的就是通过从东道国获取稀缺或成本较高的要素资源为下游生产链服务。另外,技术水平较高的发达国家是技术处于劣势国家 OFDI 的东道国和流入地。基于此,东道国的市场规模、劳动力成本、自然资源禀赋以及战略资源禀赋通常作为投资动机变量用于考察 OFDI 区位选择的主要决定因素。

关于传统变量对中国 OFDI 区位选择的影响,主要从母国投资动机的视角进行考察,研究东道国和母国的宏观经济因素和经济发展指标(Liu et al.,2005;Tolentino,2010)如何决定母国 OFDI 区位选择。

(2)非传统变量的考察:制度质量视角。

新制度经济学认为,制度在政府主导的发展中国家 OFDI 中起到了巨大的引导定位作用。关于制度质量与中国对外直接投资区位选择关系的文献(Zhang et al.,2011;蒋冠宏,蒋殿春,2012;Stoian,2013),主要分为三种观点:一种观点认为制度变量对中国企业的对外直接投资具有显著的正向效应,Lall 和 Siddharthan(1982)的研究表明外资企业在美国的 OFDI 与当地的有效保护率呈显著的正相关关系。邓明(2012)从文化制度、法治制度、经济制度三个方面考察了制度距离对中国对外直接投资区位分布的影响,结论认为经济和法治制度对中国面向发展中国家的对外直接投资有显著的正影响,而对中国面向发达国家的 OFDI 影响则不显著,中国在发达国家成功投资的经验会通过文化制度、经济制度和法治制度溢出到与其制度"相邻"的发达国家,而在发展中国家,溢出路径为经济制度和法治制度。蒋冠宏、蒋殿春(2012)的研究进一步发现中国 OFDI 偏向于法制、监管质量以及腐败控制优于本国的东道国,寻求良好的法治运行环境和私有财产保护的东道国投资是 OFDI 的重要动机(谢孟军,郭艳茹,2013)。景洪桥、王伟(2013)的研究认为中国对外直接投资偏好于市场主导型金融体系和普通法律起源的东道国。

然而,也有学者持相反的意见,认为制度质量会负向影响中国对外直接投资。张宏、王建(2009)运用全球治理指标(Worldwide Governance Indicators,WGI)作为制度质量的代理变量,并加入了社会结构、文化联系、双边关系等变量运用分量回归模型考察东道国区位因素,结论认为东道国制度质量会负向显著影响中国 OFDI 流量。进一步地,学者将 OFDI 区位选择与母国投资动机相结合进行研究,基于中国对外直接投资具有较强的资源寻求特质(李磊,郑昭阳,2012),Kolstad 和 Wiig(2012)利用中国 2003—2006 年间对 142 个国家 OFDI 流量数据进行实证研究,结论认为市场规模大、自然资源丰裕且制度环境较薄弱的东道国对中国对外直接投资具有较强的吸引力。

另一种观点认为,制度变量对中国企业 OFDI 区位选择的影响不显著。张建红、周朝鸿(2010)认为东道国的制度质量对中国企业海外收购的直接影响不显著。随着对制度变量的理解更加具体,Kang 和 Jiang(2012)将制度变量划分为常规制度、标准制度和认知制度,分析制度质量如何影响 OFDI 的区位选择,运用 1995—2007 年中国对 8 个亚洲国家 OFDI 存量数据分析,结论认为制度变量对中国 OFDI 区位选择的影响比传统经济变量大。邓富华、胡兵(2013)将东道国的腐败作为核心变量考察制度质量约束下 OFDI 区位选择,认为腐败影响 OFDI 受到制度质量的门槛限制。

另外,经济一体化的发展使学者们开始关注区域关系对 OFDI 的影响,双边投资协定(Bilateral Investment Treaty,BIT)以及自由贸易协定(Free Trade Agreement,FTA)成为考虑中国 OFDI 区位选择的因素,宗芳宇等(2012)认为 BIT 能够促进企业到签约国投资,对促进企业到制度环境较差的签约国投资具有显著影响作用,对于非国有企业的投资也异常明显。相反,董有德、赵星星(2014)认为 FTA 对 OFDI 具有负向抑制作用,BIT 对 OFDI 影响不显著。另外,高建刚(2011)则认为中国 OFDI 型态倾向于复合型,不受第三国效应影响,并且经济一体化对中国 OFDI 具有负向影响。

2.3.2　OFDI 贸易效应研究

投资与贸易的一体化是当前国际经济的重要特征,国际直接投资和国际贸易已逐渐走向融合。关于国际直接投资与贸易关系的研究存在多种不同结论,其中最具代表的观点主要有三类(李荣林,2002):一是国际直接投资与贸易存在替代关系(Mundell,1957;Helpman, et al.,2004);二是互补关系(Kojima,

1978；Lipsey，et al.，2000）；三是补偿关系或权变关系（Bhagwati et al.，1987）。其中，权变关系理论认为贸易和FDI之间的相互关系取决于贸易与非贸易要素是合作还是非合作的，若两者是合作关系，则贸易和投资呈现互补趋势；若两者是非合作关系，则贸易和投资呈现替代关系。在这些代表性理论观点基础上，学者们展开了后续研究。

查阅FDI的贸易效应研究发现，IFDI贸易效应（王少平，2006）研究多，OFDI贸易效应研究寡，也有学者研究双向FDI的贸易效应（Aizenman，Noy，2006）。总结对外直接投资对于进出口贸易效应的研究，主要分为两类：一是OFDI对出口的贸易效应研究，Head和Ries（2001）基于日本1966—1990年间932个制造业的数据，分析表明对外直接投资与母国出口存在互补关系，同时这种互补性因企业的异质性存在差异。Bedassa和Michael（2005）以1989—1999年日本与85个东道国对外直接投资的数据为样本，发现"出口平台"的差异使对外直接投资的出口效应明显不同，对外直接投资与出口既存在互补关系也存在替代关系，二者交织出现。谢杰、刘任余（2011）从新地理经济学的空间视角出发，以中国对57个东道国对外直接投资和出口贸易等其他控制变量数据为样本，运用空间滞后和误差修正模型，研究结论认为中国对外直接投资存在明显的出口贸易导向，出口贸易和投资是互补的关系。二是对外直接投资对进出口分别产生的贸易效应研究，杨宏恩（2007）证实了日本对外直接投资采取了边际产业扩张战略，在这种战略引导下，日本对外直接投资与母国出口具有单向因果关系，与进口存在双向的因果关系，同时论证了投资对"东亚奇迹"的重要性，投资和贸易的关系反映了"东亚模式"和"雁行模式"的本质联系。项本武（2009）以2000—2006年中国与50个东道国对外直接投资和进出口数据为样本，研究对外直接投资的短期和长期贸易效应，研究证明中国对外直接投资在短期内对进口和出口的调节作用不显著，但在长期会拉动中国的进出口贸易的发展。

进一步而言，新经济地理学将集聚效应和"第三方效应"等空间依赖关系纳入国际直接投资的贸易效应机制研究中，Ekholm et al.（2007）强调母国OFDI的意图在于通过"出口平台型"FDI（export-platform，FDI）将东道国生产的产品转移到第三国，而 Baltagi 等（2007）提出"复合垂直型"FDI（complex-vertical FDI），即跨国公司通过垂直产品链分工利用各国的比较优势，再将最终产品进口到母国。也有研究持不同的结论，Goh 等（2012）以马来西来 1991—2009 年与 59 个国家 IFDI、OFDI 以及进出口贸易数据为样本，运用投资引力模型，研究结论认为，利用外资与进出口贸易存在互补关系，对外直接投资与国际贸易的关系不显著。

2.3.3　OFDI 逆向技术溢出效应研究

有关技术溢出效应的研究始于对其产生渠道的讨论。Grossman 和 Helpman（1991）认为国际贸易是技术溢出的主要渠道，即国际贸易能提升进口国的技术水平。Coe 和 Helpman（1995）进一步构建了 CH 模型，将 TFP（Total Factor Productivity，TFP）作为衡量技术水平的指标，运用 22 个 OECD 国家层面数据进行了实证检验，发现通过国际贸易渠道引起的技术溢出确实能促进进口国的技术进步。接下来的研究发现，国际直接投资是导致国际技术溢出的另一个重要渠道，Kogut 和 Chang（1991）最早提出 OFDI 逆向技术溢出的设想，通过考察日本制造业对美国的对外直接投资，发现日本 OFDI 的重要动机是通过对 R&D 密集型产业投资获取东道国的逆向技术溢出。Potterie 和 Lichtenberg（2001）运用改进的 CH 模型（Lichtenberg，Potterie，1998）即 LP 模型考察国际直接投资即 IFDI 和 OFDI 是否能够和国际贸易一样实现技术的跨国扩散，实证结果认为对外直接投资和进口贸易同样能够给母国带来技术外溢，而 IFDI 更多的是利用东道国的技术而不是扩散母国的技术优势。

进一步而言，证伪逆向技术溢出效应是否存在是争议颇大的问题。可以肯定的是，跨国公司是跨国间技术传输和 R&D 溢出的重要方式，理论层面上，学者们一致认为投资于海外 R&D 密集型企业的 OFDI 能够通过逆向技术溢出渠道促进母国技术进步（赵伟等，2006；揭水晶等，2013），但在实证层面上，OFDI 逆向技术溢出对 TFP 产生的正向提升效应却未达成共识。OFDI 逆向技术溢出的研究兴起于对发达国家的研究，Braconier 等（2001）利用瑞典制造业公司和产业数据实证研究了 IFDI 和 OFDI 两种国际技术溢出渠道对 TFP 的影响，结论认为 TFP 的提高主要依靠企业内部 R&D 支出和劳动资本比例，与 OFDI 没有直接关系。然而，大部分学者肯定 OFDI 对 TFP 存在正向的溢出效应，Huang 和 Hou（2011）利用 1997—2005 年台湾 347 家大型制造业企业对外直接投资和 TFP 数据为样本，研究结论认为 OFDI 对 TFP 提升存在单向的因果关系，其中电子行业的 OFDI 对 TFP 的影响比非电子行业更强劲，OFDI 给非电子设备行业带来的生产力再配置效应比给电子设备行业引起的学习效应大。Herzer（2012）以 1980—2008 年德国 OFDI 和 TFP 等数据为样本，实证研究结果表明对外直接投资对国内产出和 TFP 存在双向的因果正向效应，国内产出和生产率的增长既是对外直接投资快速增长的原因也是其结果。随着发展中国家"走出去"战略的实施，学者开始研究 OFDI 逆向技术溢出对发展中国家 TFP 的影响。Herzer（2011）以 1980—2005 年 33 个发展中国家为样本，实证研究发现 OFDI 对发展中国家的 TFP 存在长期的正向效应，TFP 水平的提高与 OFDI 规模的扩张存在双向因果关系。此外，OFDI 的逆向技术溢出对 TFP 的提升效应存在国别差异，具体受到母国人力资本水平、金融发展能力以及贸易开放度等因素的影响。刘宏、张蕾（2012）以 1987—2009 年中国 OFDI 事实为依据，实证研究证明了中国 OFDI 促进了母国 TFP 的水平提高和技术进步。

进一步而言，有学者发现 OFDI 逆向技术溢出效应与母国的投资动机有关，特别是东道国存在较为明显的技术和劳动力要素禀赋差异时。Driffield 等（2009）利用 1987—1996 年英国对 13 个 OECD 国家 11 个制造业部门 OFDI 的数据，证实技术溢出能够提升母国的生产率。另外，当对外直接投资面向与其他国家相比拥有较廉价和熟练劳动力的东道国时也能获得逆向技术溢出效应，但对于不同投资动机下 OFDI 逆向技术溢出效应的影响还未全面考虑。Chen 和 Yang（2013）以台湾 1992—2005 年选取的样本企业是否对外投资为解释变量，结合企业规模、资本存量等数据为样本，运用实证方法研究企业 OFDI 对母国 R&D 的效应，研究结果发现 OFDI 会对母国的 R&D 战略产生补充而非替代效应，OFDI 会激发母国公司的 R&D 支出和技术进步，特别是技术密集型企业尤为明显。

2.3.4　中国OFDI区位选择路径研究

OFDI区位选择是对外直接投资理论研究的方向和内容,随着2000年中国开始实施"走出去"战略,越来越多的学者开始研究中国OFDI区位选择,总体上一致认为中国OFDI的区位选择应保持全方位的发展,但在具体的投资方位上有差异化侧重。王明星、孙建中(2002)认为中国OFDI应重点投资到发达国家和地区,主要投资到发展中国家和地区以及亚洲区域,而非洲是潜在的投资市场。杨大楷、应溶(2003)认为中国企业的投资重点在东南亚发展中国家,邻近的区位优势可以减少投资风险并利用本国的区位比较优势。其次,要将母国区位选择与投资动机结合,资源开发型OFDI应重点流入东南亚、拉美和非洲等资源丰富的发展中及不发达国家和地区,战略资产寻求型OFDI应重点流向欧美等具有技术优势的国家和地区,效率寻求型OFDI应流入较发达的国家和地区。此外,产业集聚能为OFDI提供区域创新优势。赵春明(2002)则将中国OFDI区位选择与产业选择分析相结合,从非制度和制度两大因素出发,认为中国OFDI区位选择应遵循"就近原则"和"地区渐进原则",从投资到"发展中国家和地区"过渡到"发达国家和地区"。东盟地区应是中国OFDI区位选择的重点区域。其次,根据各个地区的产业优势进行OFDI区位匹配,如加拿大拥有制造业和资源开发的优势,欧洲以服务业为主导。此外,将中国OFDI分为学习型和优势型两种动机,学习型OFDI以获取技术为目的,主要流入拥有技术密集型优势的发达国家,优势型OFDI主要流入发展中国家和地区,最终构建多层次的对外投资格局。进一步而言,程慧芳、阮翔(2004)以中国与32个东道国国家和地区的国际直接投资数据为样本,将选取的样本国家和地区的经济规模、人均国民收入、距离、贸易量等变量纳入引力模型,通过引力系数揭示中国OFDI区位选择的规律,研究结论认为,美国、日本、韩国以及中国香港以及中国澳门属于"引力巨大型"国家和地区,中国应加强对该区域的投资。中国的周边地区包括菲律宾、泰国、哈萨克斯坦、吉尔吉斯斯坦、越南、德国和马来西亚这些东盟和中亚转型国家属于"引力型国家"。新加坡、印度尼西亚、俄罗斯联邦、英国、法国和意大利这类东盟和欧盟国家属于"引力一般型"。加拿大、埃及、澳大利亚、新西兰、赞比亚、马里、南非和巴西这些东道国经济总量较大但地理距离较远,属于"引力不足型"东道国。中国 OFDI 应集中在亚洲地区,其次瞄准美洲和欧洲地理差距和文化差异较大但经济环境较好的国家和地区,最后增加对非洲的投资,并实施多元化的 OFDI 战略以分散风险。谢绵陛(2005)则从不同方面分析了中国 OFDI 区位选择战略,从比较优势考虑,中国 OFDI 应主要流向发展中国家和地区;从投资时机考虑,中国产业转移型为目的的 OFDI 应流入东南亚各国,工程承包型投资应流向非洲地区;从投资动机考虑,技术寻求型 OFDI 应流入欧美发达国家和地区;从社会经济发展的角度出发,应遵循"早半拍"的原则,OFDI 应流入比中国较弱的国家和地区。张为付(2006)将投资动机与中国 OFDI 区位选择相结合研究,认为市场寻求型 OFDI 应采取"迂回式"间接出口,首先通过对发达国家周边的发展中国家投资生产,再通过贸易的方式出口到欧盟、美国、日本等发达国家;低成本寻求型 OFDI 应主要流入中东和南美地区,采用"粗加工"和"精加工"相结合的投资路径;技术和效益寻求型 OFDI 的具体投资路径是在美国、日本和欧盟建立研发中心;全球发展战略寻求型 OFDI 在路径安排上应采用在发展中国家进行垂直一体化的兼并,在发达国家进行技术研究和管理营销合资,最后实现全球发展战略。然而,也有学者站在对立面,认为当前不是中国企业大规模"走出去"的最好时机,中国不一定是推动发展中国家 OFDI "第三次浪潮"的引领者(邱立成,于李娜,2005),但是宽松的条件会推动企业"走出去",特别是导向性的措施和手段有助于企业的对外投资。

也有学者引入产业集聚(赵春明,何艳,2002;梁琦,2003)、新经济地理学等空间经济学的思想分析国际直接投资区位选择问题,弥补现有国际直接投资区位理论缺乏对不完全竞争和规模经济的考虑。张慧、黄建忠(2014)基于 MR(Martin, Roger, 1995)自由贸易模型,从 Krugman(1991)中心——外围模型为代表的新经济地理学角度,运用静态面板数据探讨中国 OFDI 区位选择,认为中国对外直接投资具有明显的市场、资源和技术寻求偏好,中国应加强资源寻求型 OFDI,加快技术寻求型 OFDI,积极推动效率寻求型 OFDI。

综上所述,中国 OFDI 区位选择应与母国的投资动机、比较优势以及产业选择相结合,建立多层次、全方位和分散式的对外投资格局。基于政府引导和服务模式下的中国对外直接投资"国家特定优势",推动企业形成自身的所有权优势、区位优势以及内部化优势相结合的综合优势(裴长洪,2010)。

2.4　本章小结

目前,关于国际直接投资区位选择的研究已经日益丰富,通过梳理国际直接投资区位选择理论可以发现,传统的国际直接投资理论在一定程度上解释了国际直接投资区位选择的动因和机理,但是关于国际直接投资区位选择的系统性描述仍然存在一定的局限性:

(1)要研究中国对外直接投资的区位选择问题,首先要厘清相关概念。对外直接投资是国际直接投资定义的延伸,是一个宏观的概念。本书是从母国视角研究国际直接投资问题,基于这个研究视角可见中国 OFDI 也与母国的投资动机联系密切。基于此,国际直接投资、对外直接投资以及投资动机的定义有必要详细地阐述。

(2)国际直接投资区位选择理论是研究 OFDI 区位选择问题的理论基础,但是目前为止还没有一般性的国际直接投资区位选择理论。因此,本章梳理了学者对国际直接投资区位选择问题的理论解释,国际直接投资区位选择理论经过了区位理论、产业组织理论、国际贸易学说的发展,直至邓宁(Dunning,1977)的国际生产折衷理论才正式提到国际直接投资的区位选择问题,再到随后的投资发展周期理论将产品的生命周期与国际直接投资区位选择结合讨论。

(3)国际直接投资理论包含了国际直接投资区位问题的研究,但不能全部解释国际直接投资区位选择问题。国际直接投资理论主要由研究西方大型跨国公司 FDI 问题的主流国际直接投资理论展开,随着发展中国家逐渐融入全球经济化的发展进程,国际直接投资理论拓展到研究发展中国家 FDI 问题的非主流国际直接投资理论。

(4)从 20 世纪 70 年代"改革开放"战略的提出到目前,中国已经经历了 30 多年开放型经济的发展进程。在利用外商直接投资方面日益成为世界"制造中心"的角色,在对外直接投资方面形成了独具特色的对外直接投资模式。因此,关于中国开放型经济发展的动因、成效及路径的研究日益增多,尽管以中国作为东道国为研究主体的外商直接投资研究多,但以中国作为母国为研究主体的对外直接投资问题寡。本书弥补了这一方面的不足,试图从母国视角下探究中国 OFDI 区位选择的因素,研究中国 OFDI 区位选择对母国贸易和逆向技术溢出的效应,最后提出中国对外直接投资的路径模式及政策建议。

第3章　中国OFDI区位选择概况考察（2003—2012）

从1978年党的十一届三中全会提出改革开放政策以来,中国加快了融入经济全球化和国际分工与合作的步伐。中国贸易投资政策从改革开放前的进口替代和自力更生到开放后的推动出口和对外开放转变(Yao,Zhang,2001;姚树洁,韦开蕾,2007)。虽然中国对外开放的内外部环境在急剧变化,内部资源环境约束日益加剧,外部投资贸易保护主义持续蔓延,全球分工体系被迫重建,但是中国在开放型经济发展模式的引导下取得了为世界惊叹的"中国奇迹"。在对外直接投资方面,中国已经仅次于美国和日本成为世界第三大对外直接投资国。本章梳理了对外直接投资在全世界和中国的发展脉络,对中国OFDI区位选择的历史演变、空间位移等进行概述,为全书的研究提供了现实依据。同时,厘清中国OFDI区位选择的发展概况,有利于了解中国"走出去"战略的阶段和政策探索。

3.1　OFDI发展历程:世界与中国

3.1.1　OFDI的全球背景:多极化

从15世纪的"地理大发现"开始,各国就开启了拓展地理版图以及在世界范围内寻找资源的征程,世界上最早的对外投资就发生在这一时期的殖民时代(张为付,2009)。这一时期,英国、荷兰、法国和西班牙这些欧洲国家是主要的资本输出国,印度、中国、日本、美国以及加拿大是主要的接受国,其中美国是世界最大的国际债务国。这一时期,FII占对外投资的主要部分,FDI所占比重较小。殖民时代后期,美国也参与到对外投资的行列,世界投资的格局向双极化发展。第一次世界大战结束后,尤其是20世纪20至30年代,由于战后重建基础设施对资金的需要,欧洲地区的对外直接投资活动大幅下降,美国的对外直接投资活动开始增多。

20世纪40年代初期到60年代,随着第二次世界大战的结束,OFDI成为美国扩张经济的重要手段,其利用世界各国恢复本国经济的契机,不断扩大资本输出,成为世界上最大的资本输出国,奠定了美元金融中心和世界第一对外直接投资大国的地位。美国是战后国际直接投资的先驱者,是这一阶段引领世界经济和全球对外投资发展的主要力量,成功推动了国内产业结构调整和优化升级。另外,这一时期的对外直接投资模式明显有别于第二次世界大战前,资本、技术和管理经验等一揽子的要素输出代表了现代国际直接投资的特点。

20世纪70年代开始,西欧国家从第二次世界大战中迅速恢复,由被动地接受"马歇尔计划"援助和吸收外商直接投资转向积极主动地开展对外直接投资。西欧、北欧国家的跨国公司重新崛起并形成一种"欧洲概念",欧洲公司逐渐摆脱美国在资本、技术和管理上的控制,开始对美国增加对外直接投资。20世纪70年代末,欧洲的对外直接投资开始超过美国。第二次世界大战后到20世纪90年代,日本经济迅速崛起并在企业国际化经营中后来居上,受到经济崛起和日元升值的双重国际压力开始展开大规模的对外直接投资。20世纪80年代末到90年代初,日本连续成为继欧洲以后全球对外直接投资第一大国。日本"雁行国际分工体系"下的对外直接投资战略以比较优势理论为基础带动了国内经济的高速增长,并且创造了世界闻名的"东亚经济奇迹",充分证明了开放型经济发展主导下的对外直接投资战略对推动经济增长的重要作用。20世纪90年代,"并排式投资"使日本出现了较长的泡沫经济时期以及缺乏风险警惕而造成的经济不景气,日本对外直接投资进入收缩调整阶段。

20 世纪 70 年代末到 90 年代,对外直接投资是一个多国兴起的时代,全球形成了美、欧、日国家跨国公司"三足鼎立"的格局,美国、欧共体国家和东亚日本"大三角"之间的 FDI 流动一度占了全球 FDI 流量的 9 成左右。20 世纪 90 世纪末,特别是进入 21 世纪以后,对外直接投资进入"战国时代",不仅发达国家,而且略微取得工业化突破的发展中国家也开始积极开展对外直接投资并加速融入经济国际化进程中,对外直接投资进入"多极化"发展的趋势。其中,新兴市场经济体(Emerging Market Economies)逐渐成为一股最活跃的生力军。中国、印度、俄罗斯联邦、巴西四个最大的新兴市场经济体被视为最有希望挑战美、日、德、英等西方工业化大国经济地位的潜在经济大国。

3.1.2　中国 OFDI 战略:"走出去"

国际贸易和投资活动最早开始于封建社会,丝绸和瓷器是最早的商品。这一时期,地中海沿海是国际贸易的中心。西汉时期的"丝绸之路"开辟了中外交流的新纪元。随后,先于葡萄牙和西班牙的"地理大发现"一个世纪,明朝先后开始了七次"郑和下西洋",是中国"走出去"的雏形,也是"大航海时代"的先驱。而后,中国经历了一段长期闭关锁国的时期。中国对外投资的思想真正萌芽于 20 世纪 70 年代末,从 1979 年 8 月"出国办企业"政策的提出拉开了中国对外直接投资的序幕,到 2000 年 3 月"走出去"战略的明确提出加速了中国对外直接投资的步伐,中国开始真正地走上了对外直接投资之路。有学者认为,中国对外直接投资模式与 20 世纪 70 年代以后的日本模式极其相似,实际上,在经历了 30 多年的发展以后,中国对外直接投资的发展之路经过一步步摸索,形成了自己独特的模式,主要经历了以下四个发展阶段[1]。

---

[1] 参考资料来源于 2007 年 1 月中国国际贸易促进委员会经济信息部发布的中国贸促会"走出去促进计划"调研资料之一《我国"走出去"战略的形成及推动政策体系分析》。

（1）探索阶段（1979—1994年）

1978年12月，党的十一届三中全会正式提出了改革开放的重大决策，1979年8月，国务院正式提出"出国办企业"，拉开了中国企业走出去的序幕，中国企业开始尝试性地开展对外直接投资。1979—1982年，对外直接投资规模非常有限，在审批方面也只是个案审批，还未形成规范。1985年2月开始，对外直接投资从个案审批到规范性审批转变。到20世纪90年代初期，特别是1992年年初的邓小平南方讲话进一步深化和加速了改革开放的步伐，但是中国对外直接投资的基本指导思想仍限制了企业海外投资。这一阶段，中国对外开放以"引进来"为主，通过"以市场换技术"的方式吸引外国资金、技术、设备和管理经验，"走出去"的企业甚少。

（2）雏形阶段（1995—1999年）

1995年开始，国家进入"九五"计划时期，努力提高对外开放水平，鼓励发挥比较优势开展对外直接投资，积极开拓国际市场，更好地利用国内和国外"两个市场、两种资源"首次明确被提出。这一时期，鼓励在积极扩张出口的同时，有步骤有组织地支持有优势的国有企业对外直接投资，非洲、中亚、中东、南美等成为OFDI区位选择的流入地。通过境外加工方式"走出去"以带动出口，扩张的措施也受到鼓励。同时，在亚洲金融危机的影响下，通过对外直接投资扩大出口，提高对外开放水平，从而学习外国先进经验以提高自身竞争力被提上议程。这些都为"走出去"战略的正式提出奠定了坚实的基础。

（3）正式形成阶段（2000—2004年）

2000年3月，"走出去"战略正式提出。积极参与国际经济竞争，将"走出去"和"引进来"战略紧密结合是这一时期的主要目标。2000年10月，"走出去"战略正式确定，同"西部大开发战略""城镇化战略"以及"人才战略"一起被作为四大新战略。境外加工贸易、资源开发、对外承包工程和劳务出口成为这一时期列举的对外直接投资的主要类型。另外，2001年11月中国加入世界贸易组织（World Trade Organization，WTO）的新形势，中国迅速崛起成为全球的"制造中心"和"世界工厂"，在此背景下企业快速成长。"走出去"战略的发展逐渐走上正轨,在更高层次上参与国际经济合作和竞争是这一阶段的主要任务,优化资源配置,以开放促改革推动发展是企业对外直接投资的目标。"走出去"战略的正式形成和实施是中国对外直接投资取得突破性发展的重大举措。

(4)全面实施阶段(2005年至今)

中国加入WTO为中国参与国际竞争创造了良好的条件,2005年以后中国经济进入"十一五"计划时期,这一阶段是中国对外直接投资稳定、高速、持续增长的阶段。其一,随着中国加入WTO以及现代企业制度的建立,中国赢得了参与国际化经营和全球化战略更加宽松的国际国内环境;其二,2003年开始发布的《中国对外直接投资统计公报》日益规范成熟,为中国企业"走出去"提供了方向和指导;其三,随着中国企业对外直接投资的规模扩张和经验积累,逐渐开始培育竞争优势;此外,为了加快和保障"走出去"战略的实施,一系列的管理、服务和监督保障政策措施逐渐出台。

在经济全球化不断深入和区域经济合作不断加强的背景下,"走出去"战略为中国企业参与世界经济合作、优化资源配置、培育国际竞争力发挥了重要作用,也逐渐形成了具有中国特色的对外直接投资模式。

3.2　中国OFDI的整体特点

历经30多年对外开放的发展,通过利用国际和国内两种市场和资源,中国在开放型经济发展方面取得了举世瞩目的成就(江小涓,2008)。中国对外直接投资的投资规模逐渐增加、区位分布日益扩张、投资主体不断市场化、投资来源地域趋于协同化以及投资领域日渐多元化。接下来主要从投资规模、投资主体、投资来源、行业构成以及避税动机五个方面介绍中国对外直接投资的发展概况。

3.2.1　规模特征

从20世纪80年代中国就迈出了对外投资的步伐,特别是2000年实施"走出去"战略以来,经过10多年"走出去"的发展历程,中国对外直接投资已初具规模和特色。2003年,中国开始发布《中国对外直接投资统计公报》,对中国企业开展境外投资活动进行宏观的动态监管,本章运用来自2003年以来发布的《对外直接投资统计公报》数据分析了中国对外直接投资的特点,主要表现在:对外直接投资与利用外资并重发展、OFDI流量和存量持续增长以及对外直接投资国际地位节节攀升。

(1)中国OFDI与IFDI并重前进。

"对内改革、对外开放"是1978年提出的改革开放的主要思想,而"以开放促发展"一直是中国对外开放思想指导下的开放型经济发展战略的重要组成部分,目前已显示出卓越成效。

从20世纪70年代末的改革开放至今,中国对外直接投资和利用外资都呈总体上升的趋势,中国外向型经济步伐已经实现由最初的吸引外资到对外投资和吸引外资并重发展的阶段。20世纪80年代末,中国对外投资刚刚起步,经济环境发展困难,对外直接投资金额较少,这一时期,由于国内对外资的优惠政策,一大批外商在中国投资设厂,中国利用外商直接投资金额明显高于对外直接投资金额。1992年,随着中国改革开放的深入,"南巡"讲话推动了对外开放的步伐,中国对外直接投资快速增长,中国利用外资和对外投资的差距也在不断缩小。如图3-1所示,进入21世纪以后,特别是2000年"走出去"战略的提出和2001年中国加入WTO进一步加速了中国开放型经济发展的决心和进程,2001年以后中国对外直接投资的规模增速尤为明显,虽然2008年受到金融危机的影响,涨幅有所下降,但对外直接投资总体呈上升趋势。中国OFDI流量由2000年的9.2亿美元上升到2012年的878.0亿美元,2000年中国实际利用FDI是OFDI的64.8倍,到2012年中国实际利用FDI的比重仅是OFDI的1.3倍,中国OFDI和实际利用FDI之间的金额差距在不断缩小。

可见,随着中国企业竞争力的增强和国内国际投资环境的改变,中国已经逐渐实现了"引进来"与"走出去"战略的协调共进发展,对外直接投资与利用外资逐渐趋于平衡化的发展,中国已由传统的以吸引外资为主的阶段转向吸收外资和对外投资并重的阶段转变(李辉,2007)。2014年,中国对外直接投资已经首次突破千亿美元,达到1029亿美元,对外直接投资额和利用外资额仅仅相差160多亿美元,即将成为净对外投资国(UNTAD,2014)❶,迎来资本输出时代。

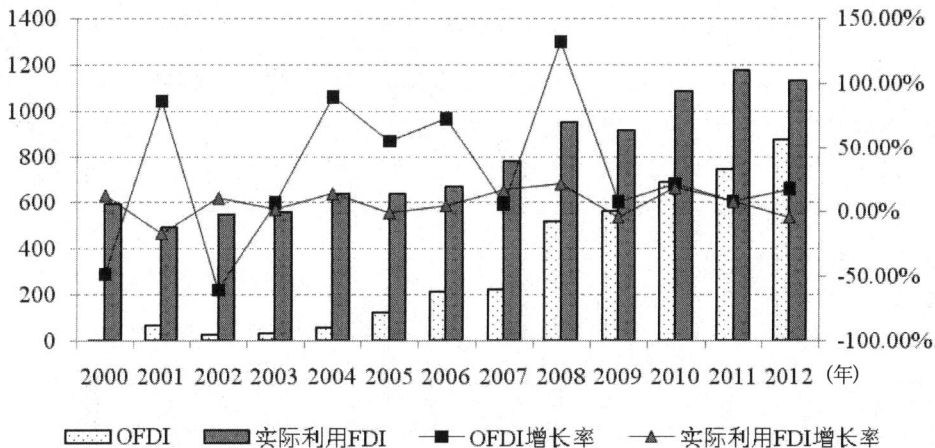

图3-1 中国OFDI流量和实际利用FDI及增长率(2000—2012年)

注:2000—2002年中国OFDI数据来源于联合国贸发会议世界投资报告,2003—2012年OF-DI数据来源于《2012年中国对外直接投资统计公报》,其中中国OFDI数据由中国非金融类OFDI数据代替。2000—2012年中国实际利用FDI金额数据来源于《2013年中国统计年鉴》。非金融类OFDI和实际利用FDI数据单位均是亿美元,均使用现价,增长率根据数据由作者计算所得,单位是%。

(2)OFDI流量和存量逆势上扬。

虽然中国对外直接投资面临着自身经验不足的先天劣势和国际环境复杂的客观原因,但是中国"走出去"战略却逆势而上,OFDI流量和存量都呈现成倍增长的趋势。

如图3-2所示,描述了2003—2012年中国OFDI流量和存量变化趋势,可以发现中国OFDI流量和存量都呈规模上升的趋势,同时OFDI流量和存量的差距在不断扩大。在经济全球化背景下,世界经济发展充满不确定性因素,2008年的金融危机和2012年的欧洲债务危机对全球经济都带来了创伤。从OFDI流量和存量增长率来看,中国还是受到了全球经济环境因素的

❶参考资料来源于联合国贸易和发展组织(UNTAD)发布的《2014年直接投资报告》。

影响,从2009年开始增速明显放缓,有几次大幅度的波动。2007年和2009年OFDI流量和存量增长率有大幅度下滑,2010年后开始进入一个20.0%左右的平缓增长区间。但中国OFDI流量和存量一直保持着增长的趋势,从2003年的28.5亿美元成倍增长至2012年的878.0亿美元,2012年首次成为世界第三大对外直接投资国。中国OFDI流量已经实现连续10年的增长,2003—2012年,中国OFDI流量年均增长速度高达47.9%,充分展现了中国对外直接投资发展的竞争优势和抵抗国际复杂环境的能力。同时,中国OFDI存量也从2003年的332.0亿美元增长到2012年的5319.4亿美元,年均增长率达34.0%。

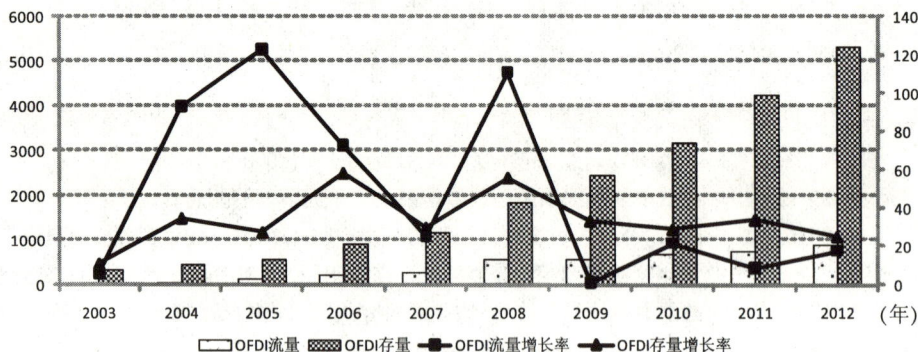

图3-2　中国OFDI流量和存量变化趋势(2003—2012年)

注:根据《2012年度中国对外直接投资统计公报》数据整理,中国OFDI流量和存量单位均是亿美元,均使用现价,增长率单位是%。

(3)中国OFDI的国际地位——后起之秀。

就世界经济体发展的整体水平而言,发达经济体的对外直接投资流量和存量仍高于发展中经济体。20世纪60年代,美国率先开始国际直接投资,与欧美经济体相比,中国OFDI起步较晚,至今经历了数十年大规模对外直接投资的历程,但中国对外直接投资却表现出明显的后发优势,OFDI流量规模不断突破。2003年,中国OFDI流量仅占全球OFDI流量的0.5%,OFDI流量位居美国、法国、英国、日本、荷兰、德国、西班牙、意大利和澳大利亚这些发达国家之后,与发展中国家相比,也不如俄罗斯联邦等。2012年,中国OFDI流量占全球OFDI流量的6.3%,OFDI流量已经快速上升至全球第3位,如图3-3所示,描述了2012年中国与全球主要国家和地区OFDI流量对比及中国的排名,可以发现中国OFDI流量地位迅速攀升,仅次于美国和日本,赶超了中国香港及英国、德国、加拿大和瑞士,俄罗斯联邦等发展中国家的OFDI流量也远远落后于中国,可以发现,中国通过后发优势提升了OFDI流量的国际地位。同时,我们应该关注到中国OFDI流量与美国、日本的差距。2012年,中国OFDI流量是878.0亿美元,而美国高达3288.7亿美元,中国OFDI流量还不到美国的1/3。而日本2012年的OFDI流量达到1225.5亿美元,是中国的1.4倍。同时,中国香港地区、英国和德国的OFDI流量虽然不足于中国,但是中国的领先优势不明显。

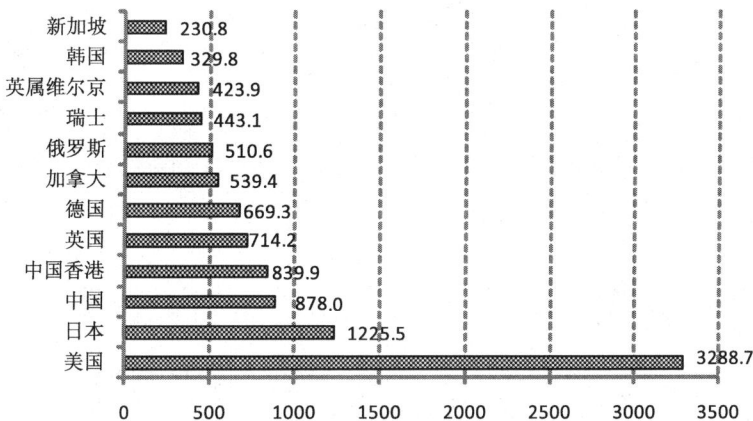

图3-3　中国与全球主要国家(地区)OFDI流量对比排名(2012年)
　　注:根据联合国贸易和发展会议发布的《2014年世界投资报告》数据整理,各个国家和地区的OFDI流量单位均是亿美元。

　　如图3-4所示,就中国OFDI存量而言,2003年中国OFDI存量仅占全球OFDI存量的0.5%,2012年中国OFDI存量占全球存量的2.3%。OFDI存量位居美国、英国、法国、德国、日本以及中国香港这些发达国家和地区之后,超越了俄罗斯联邦、巴西和印度等发展中国家。

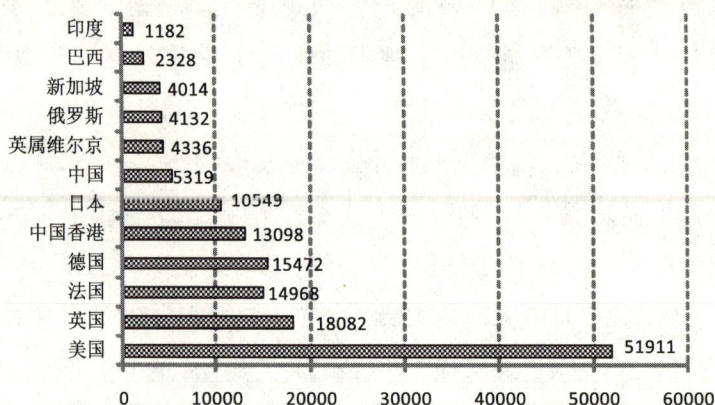

图3-4　中国与全球主要国家(地区)OFDI存量对比排名(2012年)

注:根据联合国贸易和发展会议发布的《2014年世界投资报告》数据整理,各个国家和地区的OFDI存量单位均是亿美元。

通过统计数据可以发现,不论是中国的OFDI流量还是存量,总体都呈增长趋势,中国对外直接投资在国际上的地位都在不断提高。虽然OFDI存量还处于劣势地位,但对外直接投资在流量上已经日益彰显出对外直接投资大国的实力,发挥了对外直接投资的后发优势。

3.2.2　投资主体

在中国"走出去"战略进程中,对外直接投资的投资主体发生了巨大变化。在中国"走出去"战略实施的初期,国有企业是对外直接投资的主体。这种投资主体的构成一直持续到20世纪末,伴随着国有企业股份制改革的深入,国有企业在对外直接投资中的比重逐渐下降,但仍保持着较大的OFDI存量比重,有限责任公司在OFDI流量和存量的比重持续显著提高。

如表3-1所示,描述了2007—2012年间中国历年末境内投资者按企业登记注册类型构成比例和非金融类OFDI存量按境内投资者注册类型的比例,可以发现有限责任公司在对外直接投资中的比重在不断增加,从2007年的43.3%增长到2012年的62.5%,而国有企业OFDI的比重在不断下降,由2007年的19.7%下降到2012年的9.1%。同样,通过观察2007—2012年中国非金融类OFDI存量的投资主体比重可以发现,有限责任公司的比重在不断上升,由2007年的20.3%上升至2012年的26.2%,国有企业的比重在不断下降,由2007年的71.0%下降至2012年的59.8%,但是国有企业仍然占据非金融类OFDI存量一半以上的份额。

表3-1　历年中国OFDI流量和存量投资主体分类(2007—2012年)

	历年末境内投资者按企业登记注册类型构成比例						历年末中国非金融类OFDI存量按境内投资者注册类型比例					
	2007年	2008年	2009年	2010年	2011年	2012年	2007年	2008年	2009年	2010年	2011年	2012年
有限责任公司	43.3	50.2	57.7	57.1	60.4	62.5	20.3	20.1	22	23.6	24.9	26.2
国有企业	19.7	16.1	13.4	10.2	11.1	9.1	71	69.6	69.2	66.2	62.7	59.8
私营企业	11	9.4	7.5	8.2	8.3	8.3	1.2	1	1	1.5	1.7	2.2
股份有限公司	10.2	8.8	7.2	7	7.7	7.4	5.1	6.6	5.6	6.1	7.6	6.6
股份合作公司	7.8	6.5	4.9	4.6	4	3.4	1.2	1.2	1	1.1	1.6	2.9
外商投资企业	3.7	3.5	3.1	3.2	3.6	3.4	0.7	0.8	0.5	0.7	0.9	1.1

续表

	历年末境内投资者按企业登记注册类型构成比例						历年末中国非金融类OFDI存量按境内投资者注册类型比例					
	2007年	2008年	2009年	2010年	2011年	2012年	2007年	2008年	2009年	2010年	2011年	2012年
集体企业	1.8	1.5	1.2	1.1	1	0.8	0.4	0.4	0.3	0.2	0.2	0.2
港澳台商企业	1.8	1.8	1.8	2	2.4	2.2	0.1	0.1	0.1	0.1	0.2	0.3
联营企业	0.7	2.2	3.2									
个体经营				6.6	0.8	1.6						
其他					0.7	1.3		0.2	0.3	0.5	0.2	0.7

注:根据《2007—2012年度中国对外直接投资统计公报》数据进行整理,单位为%。

中国对外直接投资的投资主体构成的巨大变化表明,中国经济体制改革成效显著,政企分开的现代企业制度显示出了巨大的活力,在世界经济发展中开始崭露头角。同时,国有企业在OFDI存量中的比重仍然占据一半,这也从侧面反映由于国有企业对国际环境具有较强的"忍耐性"的独特优势,更能适应国际上复杂的经济环境,在对外直接投资过程中的生存能力更强,投资持续时间更长。

3.2.3 投资来源

1978年12月,中国提出"对内改革、对外开放"的政策,正式拉开了中国开放型经济发展的序幕,中国经济区域格局也日益形成。中国对外开放发展的战略是由沿海向内地开放,形成了"经济特区—沿海开放城市—沿海经济开放区—内地"全方位、多层级、宽领域的对外开放格局,因此东部沿海地区的对外开放发展领先于中西部地区。虽然2000年3月提出的"走出去"战略、"西部大开发"战略❶以及2004年3月提出的"中部崛起"计划❷推动了中国中西部内陆地区的发展,也在缩小东、中、西部地区经济的差距,但是由于地理位置先天性和战略发展的步骤性等原因,中国区域经济仍然存在东、中、西部地区发展不平衡性的特性。接下来,主要从中国对外直接投资区域来源比较东、中、西部地区OFDI流量和存量的规模差异。

(1)中国OFDI区域来源流量统计。

如图3-5所示,展示了2003—2012年中国非金融类OFDI流量东、中、西部区域的构成比例。2003—2012年,中国非金融类OFDI流量东、中、西部区域所占比重在悄然发生变化。可以看出,由于东部地区拥有对外开放的政策优势和沿海的地理优势等因素,东部地区的OFDI流量占据绝大的比重,远远高于中、西部地区。但是,也可以发现东、中、西部地区的OFDI流量差距在不断缩小,东部地区非金融类OFDI流量占全国非金融类OFDI流量的比例由2003年的89.3%下降至2012年的71.5%,反之,中部和西部地区非金融类OFDI流量占全国非金融类OFDI流量的比例分别由2003年的9.3%和1.4%上升至2012年的12.4%和16.0%,西部地区OFDI流量的涨幅明显高于中部地区,并且2012年西部地区的OFDI流量已明显超过中部地区。

---

❶西部大开发战略旨在把东部沿海地区的剩余经济发展能力转移到西部地区,范围包括12个省、自治区、直辖市(加上湖北省恩施、湖南省湘西、吉林省延边州),有重庆市、四川省、陕西省、甘肃省、青海省、云南省、贵州省、广西壮族自治区、内蒙古自治区、宁夏回族自治区、新疆维吾尔自治区、西藏自治区、恩施土家族苗族自治州、湘西土家族苗族自治州。

❷中部崛起计划旨在促进中部经济区的发展,范围包括河南省、湖北省、湖南省、江西省、安徽省和山西省6省。

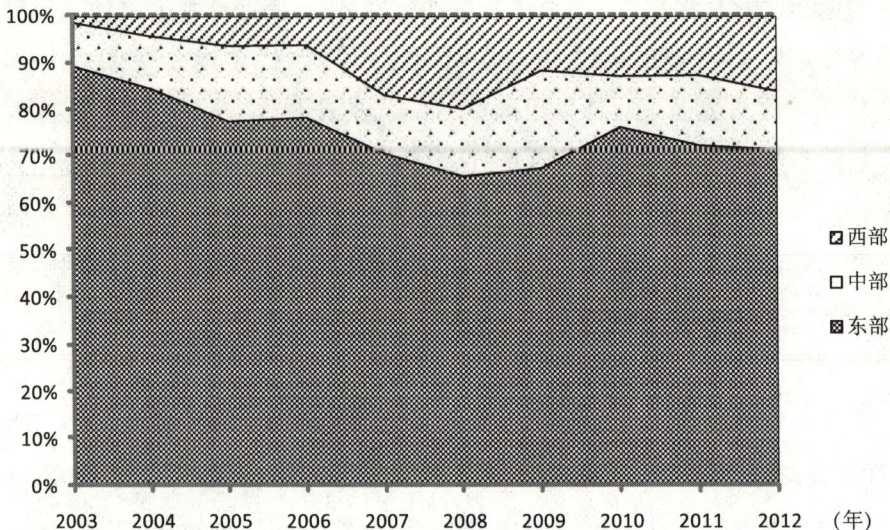

图3-5　中国非金融类OFDI流量东、中、西部区域构成比例(2003—2012年)

注：(1)根据《2003—2012年度中国对外直接投资统计公报》数据进行整理，单位为%。(2)东、中、西部包含的省、自治区和直辖市的分类借鉴了李梅、柳士昌(2012)的分类标准。东部地区包括北京市、天津市、河北省、上海市、江苏省、浙江省、福建省、山东省、广东省、海南省和辽宁省11个省及直辖市；中部地区包括山西省、安徽省、江西省、河南省、湖北省、湖南省、吉林省和黑龙江省8个省；西部地区包括内蒙古自治区、广西壮族自治区、重庆市、四川省、贵州省、云南省、西藏自治区、山西省、甘肃省、青海省、宁夏回族自治区和新疆维吾尔自治区12个省、直辖市及自治区。

（2）中国OFDI区域来源存量统计。

如图3-6所示，展示了2003—2012年中国非金融类OFDI存量东、中、西部区域构成比例。2003—2012年，中国非金融类OFDI存量东、中、西部区域所占比重和OFDI流量的比重呈协同发展的趋势，可以看出东部地区在中国OFDI存量方面远远高于中、西部地区。东部地区非金融类OFDI存量占全国非金融类OFDI流量的比例由2003年的91.6%下降至2012年的75.2%。反之，中部和西部地区非金融类OFDI流量占全国非金融类OFDI流量的比例分别由2003年的5.5%和3.0%上升至2012年的12.4%和12.44%。可见，来源于东部地区的OFDI存量在减弱，中、西部地区的OFDI存量呈不断上升的趋势，中西部地区的对外直接投资积极性和实力逐渐显现。另外，东、中、西部地区的差距日益缩小，尤其是2012年西部地区的OFDI存量首次反超中部。

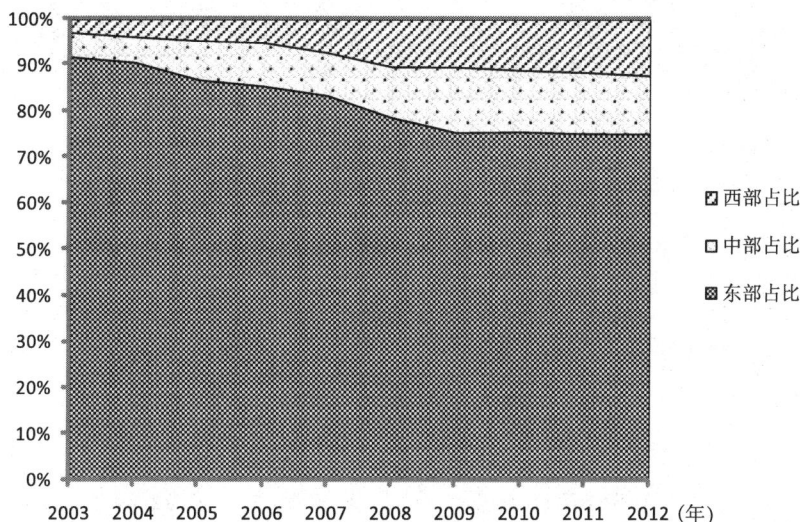

图3-6　中国非金融类OFDI存量东、中、西部区域构成比例（2003—2012年）

注：根据《2003—2012年度中国对外直接投资统计公报》数据进行整理，单位为%。(2)东、中、西部包含的省、自治区和直辖市的分类借鉴了李梅、柳士昌（2012）的分类标准。东部地区包括北京市、天津市、河北省、上海市、江苏省、浙江省、福建省、山东省、广东省、海南省和辽宁省11个省及直辖市；中部地区包括山西省、安徽省、江西省、河南省、湖北省、湖南省、吉林省和黑龙江省8个省；西部地区包括内蒙古自治区、广西壮族自治区、重庆市、四川省、贵州省、云南省、西藏自治区、山西省、甘肃省、青海省、宁夏回族自治区和新疆维吾尔自治区12个省、直辖市及自治区。

综上所述，从OFDI区域来源看，截至2012年，中国OFDI流量和存量位居前三的都是广东、山东和上海。从投资来源的区位分布看，中国OFDI流量和存量来源的东、中、西部地区区域构成比例可以说明，东部地区在对外直接投资中处于绝对的竞争优势，但东、中、西部地区的差异在逐渐缩小。中国对外直接投资的地区发展格局逐步由东部向中、西部地区扩散，中、西部地区正在积极投入到对外开放的步伐中，日益发挥出在对外直接投资中的后发优势。中国对外直接投资的区域发展格局由最初的"东部最强、中部次之、西部不足"过渡到"东部领先、西部后来居中、中西部并进发展"的独具特色的对外直接投资区域发展格局。

3.2.4 行业构成

中国对外直接投资已经经历了数十年的发展,对外直接投资在行业结构分布层面已经显现出多元化和规模化的特点。根据《国民经济行业分类》(GB/T 4754—2002)的标准,接下来分别考察了各个行业2004—2012年中国OFDI流量和存量占对外直接投资总流量和总存量的比例,并进一步分析了中国OFDI流量和存量三大产业的分布情况。

(1)中国OFDI流量行业统计。

从纵向看,截至2012年,中国OFDI流量超过10.0亿美元的行业已由2004年的1个上升至12个。从横向看,如表3-2所示,描述了2004—2012年中国OFDI流量行业分布情况占比,从中国OFDI流量行业分布构成看,中国OFDI流量呈现出五大特征。

表3-2 中国OFDI流量行业分布情况占比(2004—2012年)

年份	2004	2005	2006	2007	2008	2009	2010	2011	2012
A	5.25	0.86	0.87	1.03	0.31	0.61	0.78	1.07	1.66
B	32.74	13.66	40.35	15.33	10.42	23.60	8.31	19.35	15.43
C	13.74	18.60	4.28	8.02	3.16	3.96	6.78	9.43	9.87
D	1.43	0.06	0.56	0.57	2.35	0.83	1.46	2.51	2.20
E	0.87	0.67	0.16	1.24	1.31	0.64	2.37	2.21	3.70
F	14.55	18.43	5.26	24.92	11.65	10.85	9.78	13.83	14.86
G	15.07	4.70	6.50	15.34	4.75	3.66	8.22	3.43	3.40
H	0.04	0.06	0.01	0.04	0.05	0.13	0.32	0.16	0.16
I	0.55	0.12	0.23	1.15	0.53	0.49	0.74	1.04	1.41
J	/	/	16.68	6.29	25.13	15.45	12.54	8.13	11.47
K	0.15	0.94	1.81	3.43	0.61	1.66	2.34	2.64	2.30
L	13.63	4.30	21.36	21.15	38.85	36.22	44.01	34.29	30.46
M	0.33	1.06	1.33	1.15	0.30	1.37	1.48	0.95	1.68
N	0.02	0.00	0.04	0.01	0.25	0.01	0.10	0.34	0.04
O	1.60	0.51	0.53	0.29	0.30	0.47	0.47	0.44	1.01
P	/	/	0.01	0.03	0.00	0.00	0.00	0.03	0.12

续表

年份	2004	2005	2006	2007	2008	2009	2010	2011	2012
Q	0.00	/	0.00	0.00	/	0.00	0.05	0.01	0.01
R	0.02	0.00	0.00	0.02	0.04	0.03	0.27	0.14	0.22
S	0.00	0.01	0.00	/	/	/	/	/	/
极差	32.74	40.00	40.35	24.92	38.85	36.22	44.01	24.28	30.45
方差	83.16	126.48	111.88	64.96	114.85	100.33	107.86	80.84	64.95

注:(1)根据《2012年度中国对外直接投资统计公报》数据整理,单位为%;(2)各个产业序号所代表行业分别是:A 农、林、牧、渔业,B 采矿业,C 制造业,D 电力、燃气及水的生产和供应业,E 建筑业,F 批发和零售业,G 交通运输、仓储和邮政业,H 住宿和餐饮业,I 信息传输、计算机服务和软件业,J 金融业,K 房地产业,L 租赁和商务服务业,M 科学研究、技术服务和地质勘查业,N 水利、环境和公共设施管理业,O 居民服务和其他服务业,P 教育,Q 卫生、社会保障和社会福利业,R 文化、体育和娱乐业,S 公共管理和社会组织;(3)"/"表示数据缺失。

第一,中国 OFDI 流量行业构成处于调整阶段。从 2004—2012 年中国 OFDI 流量行业分布比例的统计数据可以看出,中国对外直接投资行业分布还不稳定,采矿业、制造业、交通运输、仓储和邮政业、金融业、居民服务和其他服务业等这些传统的对外投资流量较大的行业呈现快速下降的趋势,其中采矿业的 OFDI 流量波动幅度最大,由 2004 年的 32.7%下降至 2012 年的 15.4%。反之,其他行业都处于上升趋势,其中租赁和商务服务业 OFDI 流量的增长幅度最明显,由 2004 年的第 5 位上升至 2012 年的第 1 位,所占比重由 13.6%上升至 30.5%。此外,从 2004 年到 2012 年,批发和零售业的波动幅度最小,2012 年行业比重维持在 14.9%。

第二,中国 OFDI 流量行业发展服务化趋势日益明显。通过图 3-7 对三大产业 OFDI 流量进一步分析的结果显示,中国对外直接投资的行业结构在不断优化。中国对第一产业的 OFDI 由 2004 年的 5.3%下降至 2012 年的 1.7%。第二产业的比重变化较大,从 2004 年的 48.8%下降到 2012 年的 31.2%,已不再是对外投资中的主导产业。中国对第三产业的 OFDI 规模总体增加,2012 年中国对第三产业的对外直接投资已占据主导性的 67.1%。可见,对外投资行业流向逐步从低端技术行业偏向技术含量高、附加值高的新兴产业发展。服务业在对外直接投资中的比重不断上升也说明服务业在对外直接投资中逐渐占据主导地位,这也迎合了中国新一轮改革的目标,服务业是当前阶段对外开放的重点行业。

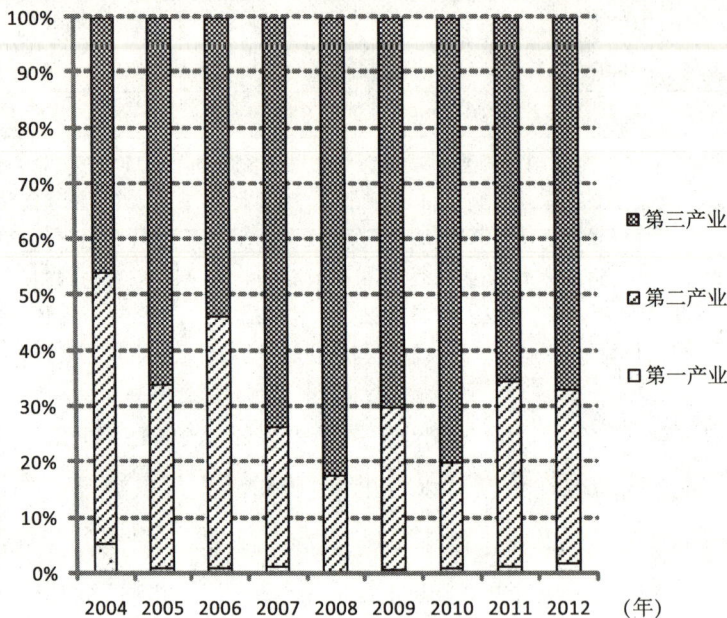

图3-7　中国OFDI流量三大产业分布情况占比(2004—2012年)

　　注:(1)根据《2012年度中国对外直接投资统计公报》数据整理,单位为%。(2)根据国民经济行业分类(GB/T 4754—2011)的划分标准,A属于第一产业,B—E属于第二产业,F—S都属于第三产业。

　　第三,中国OFDI流量行业日益呈现出多元化发展趋势,涉及国民经济的各个行业。2004年,中国OFDI流量涉足行业相对集中,分别主要集中在采矿业、交通运输、仓储和邮政业、批发和零售业、制造业、租赁和商务服务业以及农、林、牧、渔业这6个行业,分别占32.5%、15.1%、14.6%、13.7%、13.6%和5.3%,其他行业仅为5.2%。到2012年,中国各行业的OFDI流量趋向于分散化的方向发展,除水利、环境和公共设施管理业,卫生、社会保障和社会福利业,公共管理和社会组织不足0.1%以外,其他行业均有一定比例的涉足,且行业之间占总流量的比例的差距在缩小。多元化发展趋势也体现在行业结构比重的极差和方差变化上,分别从2004年的32.7%和83.2%下降到2012年的30.5%和65.0%,中国OFDI流量行业分布正日趋均匀。

第四,传统产业仍在中国对外直接投资中占据优势地位。从2004—2012年中国OFDI流量行业结构占比变化趋势可以看出,采矿业、制造业、批发零售业从2004年开始一直占据着很大的比例,租赁和商务服务业从2008年开始一直连续排名对外直接投资行业第一的位置。采矿业是唯一一个2004年OFDI流量超过10.0亿美元且2012年超过100.0亿美元的行业。另外,虽然中国对外直接投资流入信息传输、计算机服务和软件业,科学研究、技术服务和地质勘查业以及教育等技术含量高的行业的流量总体上都呈现出日益上升的趋势,但所占比例仍然很低。

第五,从中国OFDI投资动机视角出发,中国对外直接投资的投资动机主要集中于技术寻求型、市场寻求型以及资源寻求型(邱立成,于李娜,2005;胡博,2008)。技术寻求型OFDI以垂直型对外直接投资为主,主要发生在技术密集型产业,以获取技术逆向溢出为目的。2004—2012年间,信息传输、计算机服务和软件业,科学研究、技术服务和地质勘查业等这些代表技术寻求型OFDI的行业历年流量所占的比重分别不到2%。市场寻求型OFDI主要发生在制造业和服务业部门,其决定因素是东道国的市场规模、市场潜力以及壁垒,主要包括传统制造业、金融业、批发和零售业、租赁和商务服务业等(UNCTAD,2004),通过数据统计可以发现,这些行业在OFDI流量中占有相当大且持续性的比重。资源寻求型OFDI主要以寻求石油和矿产等自然资源为目的,自然资源丰裕的国家因在资本、技术或者管理上的劣势,需要外国资本的进入协助开发。因此,资源寻求型OFDI多流入发展中国家,主要涉及农、林、牧、渔业和采矿业,2004—2012年,中国OFDI流量各行业所占比重可以发现,2012年中国对采矿业的投资占流量总量的比重与2004年相比已经下降了一半。

(2)中国OFDI存量行业统计。

从纵向看,截至2012年,中国OFDI存量超过10亿美元的行业由2004年的7个上升至2014年的14个,与中国OFDI流量相比多2个行业。OFDI存量超过100亿美元的行业由2004年的1个上升至2014年的7个。从横向看,如表3-3所示,描述了2004—2012年中国OFDI存量行业分布情况占比。从中国OFDI

存量行业分布构成看,中国OFDI存量与OFDI流量总体上呈现出一致的变化趋势,租赁和商务服务业、金融业、采矿业、批发和零售业OFDI存量和流量一样占据着行业领先的位置,处于行业优势地位。信息传输、计算机服务和软件业,教育,文化、体育和娱乐业,卫生、社会保障和社会福利等产业的OFDI存量和流量一致保持在较低的水平,对外开放型发展处于行业劣势地位。接下来,主要介绍中国OFDI存量的四大特征。

表3-3 中国OFDI存量行业分布情况占比(2004—2012年)

年份	2004	2005	2006	2007	2008	2009	2010	2011	2012
A	1.86	0.89	0.90	1.02	0.80	0.83	0.82	0.80	0.93
B	13.29	15.12	19.75	12.73	12.43	16.51	14.08	15.77	14.06
C	10.13	10.09	8.31	8.09	5.25	5.53	5.61	6.35	6.42
D	0.49	0.50	0.49	0.50	1.00	0.92	1.08	1.68	1.69
E	1.83	2.10	1.73	1.39	1.46	1.39	1.95	1.90	2.42
F	17.52	19.96	14.29	17.16	16.23	14.52	13.24	11.56	12.82
G	10.23	12.38	8.35	10.23	7.89	6.77	7.31	5.95	5.49
H	0.05	0.08	0.07	0.01	0.73	0.10	0.14	0.14	0.14
I	2.66	2.31	1.60	1.61	0.91	0.80	2.65	2.25	0.91
J	/	/	17.22	14.18	19.95	18.72	17.42	15.87	18.13
K	0.45	2.61	2.23	3.83	2.23	2.17	2.29	2.12	1.80
L	36.99	28.94	21.48	25.88	29.67	29.68	30.66	33.50	33.03
M	0.28	1.06	1.24	1.29	1.08	1.17	1.25	1.03	1.28
N	2.03	1.59	1.01	0.78	0.58	0.43	0.36	0.57	0.01
O	2.44	2.31	1.30	1.10	0.39	0.39	1.02	0.38	0.67
P	/	/	0.00	0.01	0.01	0.01	0.01	0.02	0.03
Q	0.00	0.00	0.00	0.00	0.00	0.00	0.01	0.00	0.01
R	0.01	0.01	0.03	0.08	0.06	0.06	0.11	0.13	0.15
S	0.03	0.03	/	/	/	/	/	/	/
极差	36.69	28.94	21.48	25.88	29.67	29.68	30.65	33.50	33.02

续表

年份	2004	2005	2006	2007	2008	2009	2010	2011	2012
方差	92.09	72.39	55.96	56.83	72.63	73.30	68.64	76.15	77.26

注:(1)根据《2012年度中国对外直接投资统计公报》数据整理,单位为%;(2)各个产业序号所代表行业分别是:A农、林、牧、渔业,B采矿业,C制造业,D电力、燃气及水的生产和供应业,E建筑业,F批发和零售业,G交通运输、仓储和邮政业,H住宿和餐饮业,I信息传输、计算机服务和软件业,J金融业,K房地产业,L租赁和商务服务业,M科学研究、技术服务和地质勘查业,N水利、环境和公共设施管理业,O居民服务和其他服务业,P教育,Q卫生、社会保障和社会福利业,R文化、体育和娱乐业,S公共管理和社会组织;(3)"/"表示数据缺失。

第一,中国OFDI存量行业分布趋于多元化。从2004—2012年中国OFDI存量行业分布比例的统计数据可以看出,租赁和商务服务业,金融业、采矿业、批发和零售业以及制造业OFDI存量所占比重依次排名前5位,所占比重分别是33.0%、18.1%、14.1%、12.8%和6.4%。住宿和餐饮业、水利、环境和公共设施管理业、教育、卫生、社会保障和社会福利业、文化、体育和娱乐业、公共管理和社会组织OFDI存量虽然一直处于较低的水平,但都有很大程度的提高,中国OFDI存量行业分布正日趋均匀。从行业结构比重的极差和方差变化,中国各行业的OFDI存量分散化发展趋势明显,分别从2004年的36.7%和92.1%下降到2012年的33.0%和77.3%。

第二,中国OFDI存量各个行业的投资持续性存在差异。2004—2012年,中国采矿业的OFDI流量下降了一半,但OFDI存量总体仍然呈上升趋势,说明采矿业由于行业特殊性或者东道国的区位优势等原因能够较好地维持投资的持续性。农、林、牧、渔业,制造业,交通运输、仓储和邮政业的OFDI存量与流量一样下降非常明显。此外,2012年租赁和商务服务业的OFDI存量和流量都排名第一。

第三,中国OFDI存量在行业分布方面也呈现出国际直接投资服务化发展的趋势。通过图3-8对三大产业OFDI存量的进一步分析显示,从整体看,第三产业OFDI存量所占比重最高,第二产业其次,第一产业的对外直接投资竞争力在逐渐消退。和OFDI流量的发展一致,中国第一产业的OFDI存量总体呈下降趋势,由2004年的1.9%下降至2012年的0.9%,在三大产业中的比重微乎其微。第二产业和第三产业一直保持着稳定的比重且波动幅度较小,2012年分别达到24.6%和74.5%。第三产业的对外投资迅速增加,从2004年的46.0%上升到2012年的67.1%。可以发现,对外投资存量主要集中在附加值高的服务业。这与全球产业结构的演化趋势契合,传统的第一产业和制造业已在产业结构转型中被边缘化,第三产业是产业结构转型的重要方向。服务业在OFDI存量中的份额也说明了中国服务业开放型经济发展的成效显著。

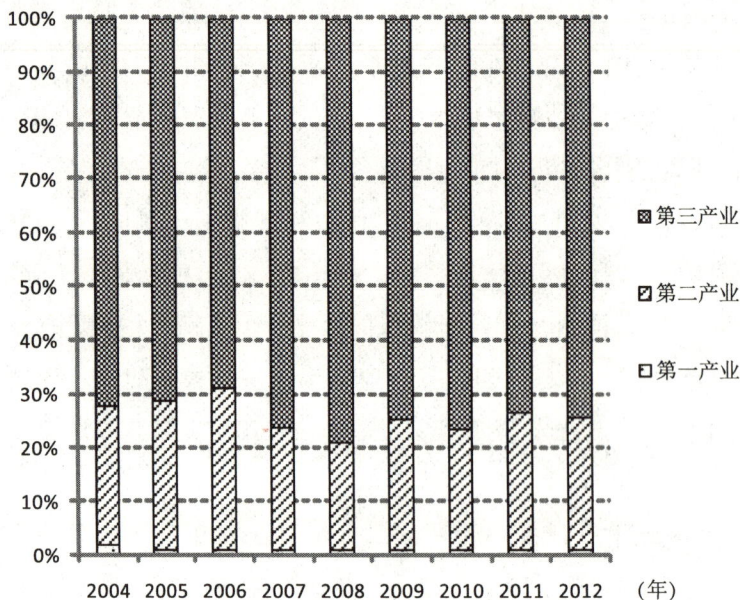

图3-8　中国OFDI存量三大产业分布情况占比(2004—2012年)

注:(1)根据《2012年度中国对外直接投资统计公报》数据整理,单位为%。(2)根据国民经济行业分类(GB/T 4754—2011)的划分标准,A属于第一产业,B~E属于第二产业,F~S都属于第三产业。

第四,从行业发展和投资动机视角出发,中国对外直接投资行业的存量数据也进一步说明了中国对外直接投资存在技术寻求型、市场寻求型以及资源寻求型的投资动机。从OFDI存量数据可以看出,中国对外直接投资日益呈现出服务业处于主导地位,而服务业对外直接投资具有获取市场份额的目的。投资效益好并且就业容量大的批发零售业以及对国民经济发展具有全局性和先导性影响的金融业 OFDI 存量都占据较高且稳定的比重。虽然与科技相关的科学研究、技术服务的 OFDI 存量的比重仍然很低,但总体都呈增长趋势。与提高居民生活质量相关的教育,文化、体育和娱乐业,卫生、社会保障和社会福利业都有中国对外直接投资的流入,并且存量都有小幅上升。

综上所述,从中国 OFDI 流量和存量行业分布看,中国对外直接投资具有明显的技术寻求、市场寻求以及资源寻求的动机。中国 OFDI 流量和存量在行业结构分布上主要偏重于原材料和能源等低附加值、低科技含量、低利润率的劳动力密集型产业,缺少对信息技术和技术服务等技术密集型、高新技术产业、高层次服务业的投资。随着"走出去"战略的深入,中国 OFDI 流量和存量逐渐偏向第三产业,表现出国际直接投资服务化的趋势,甚至开始呈现服务业在对外直接投资中占主导地位的发展趋势,特别是租赁和商务服务业、批发和零售业、金融业都表现出较强的对外直接投资竞争力和可持续性。中国这种对外直接投资产业发展结构符合"边际产业转移理论"(Kojima,1978),可以实现中国边际产业向外转移、延长产品的生命周期、扩大海外市场,弊端在于如果忽视对技术密集型产业的投资,可能错失中国对发达经济体对外直接投资逆向技术溢出带来的母国技术提升的机会。

3.2.5　避税动机

根据邓子基、唐腾翔(1998)关于国际避税港的描述,对中国对外直接投资的流向进行了分类,大致分为非避税港和避税港两类,避税港主要包括 4 个无税避税港和 18 个地税避税港。

从表 3-4 的统计数据可以看出,2003—2012 年间,虽然中国 OFDI 流量流入避税港的金额呈现下降的趋势,但是中国投入避税港的 OFDI 流量仍然占据超过一半的比重,中国 OFDI 流量流入避税港的比例由 2003 年的 76.9% 下降到 2012 年的 63.9%。可以肯定,避税港具有优越的税收优惠政策,但是中国对这些低税避税港或无税避税港的投资不仅仅是出于"逃税"的目的,还可能由于东道国其他的区位优势。

表3-4　中国OFDI流量流入避税港和非避税港的比例(2003—2012年)

年份	非避税港(万美元)	避税港(万美元)	避税港所占比例(%)
2003	65896	219568	76.92
2004	106720	442967	80.59
2005	226320	1000000	81.54
2006	222249	1542151	87.40
2007	791610	1858148	70.13
2008	1161752	4435367	79.24
2009	1202210	4455694	78.75
2010	1921413	1976817	72.15
2011	2447883	5067144	67.43
2012	3183636	5639015	63.92

注:根据历年的《中国对外直接投资公报》数据整理计算。

从表3-5所示的描述性统计中可以看见主要避税港的名称、避税性质以及2003—2012年十年间中国对外直接投资的次数。22个避税港包括4个无税避税港和18个低税避税港,无税避税港包括百慕大群岛、巴哈马、瓦努阿图、开曼群岛;低税避税港包括列支敦士登、英属维尔京群岛、中国香港、中国澳门、安提瓜和巴布达、巴林、巴巴多斯、塞浦路斯、以色列、牙买加、黎巴嫩、利比里亚、摩洛哥、新加坡、瑞士、马来西亚、巴拿马、哥斯达黎加。可以发现,无税避税港开曼群岛,低税避税港马来西亚、新加坡、英属维尔京群岛、中国香港以及中国澳门是2003—2012年这十年间中国OFDI流入最频繁的避税港。

表3-5　主要避税港名称、性质及中国OFDI投资次数(2003—2012年)

避税港	避税性质	2003—2012年投资次数
开曼群岛	无税避税港	10
马来西亚	低税避税港	10
新加坡	低税避税港	10
英属维尔京群岛	低税避税港	10
中国澳门	低税避税港	10
中国香港	低税避税港	10

避税港	避税性质	2003—2012年投资次数
巴拿马	低税避税港	9
百慕大群岛	无税避税港	9
利比里亚	低税避税港	9
摩洛哥	低税避税港	9
瑞士	低税避税港	9
以色列	低税避税港	8
巴哈马	无税避税港	7
巴巴多斯	低税避税港	6
巴林	低税避税港	5
牙买加	低税避税港	4
列支敦士登	低税避税港	3
塞浦路斯	低税避税港	3
哥斯达黎加	低税避税港	2
黎巴嫩	低税避税港	2
瓦努阿图	无税避税港	2
安提瓜和巴布达	低税避税港	1

3.3　中国 OFDI 区位选择

经过数十年的发展,中国对外直接投资不仅在整体发展水平上初现"走出去"战略的成效,对外直接投资规模呈现"井喷式"增长,而且在 OFDI 区位选择上也展现出一条独具特色的开放型经济发展之路。

3.3.1　区位分布的概况

随着中国企业不断地走出去开展对外直接投资,中国 OFDI 区位选择呈现出覆盖区域广、投资范围大的景象。表 3-6 反映了 2003—2012 年中国 OFDI 流量和存量覆盖的国家和地区的个数。中国 OFDI 流量覆盖的国家和地区由 2003 年的 99 个扩大到 2012 年的 153 个,OFDI 存量覆盖的国家和地区由 2003 年的 129 个扩大到 2012 年的 177 个。据统计,2003—2012 年中国 OFDI 流量累计覆盖175个国家和地区,OFDI存量累计覆盖183个国家和地区。

表3-6　OFDI流量以及存量面向国家和地区的个数总量(2003—2012年)

年份	流量面向国家和地区个数	存量面向国家和地区个数
2003	99	129
2004	108	149
2005	112	161
2006	122	169
2007	142	173
2008	140	174
2009	141	175
2010	151	175
2011	150	175
2012	153	177

注:根据《2003—2012年度中国对外直接投资统计公报》数据进行整理。

可以发现,中国每年都会开辟新的市场,对新增国家开展对外直接投资,这说明中国OFDI区位选择范围在进一步扩大,区位选择的地理分布更加多元化,覆盖地域更广。

3.3.2　区位分布的各洲比例

从2003年中国开始统计对外直接投资数据开始,可以发现中国对外直接投资分布于世界六大洲,分别是亚洲、欧洲、非洲、北美洲、南美洲以及大洋洲,以下分别介绍中国OFDI流量和存量的区域分布。

(1)OFDI流量的区域分布。

如图3-9所示,描述了2003—2012年中国OFDI流量各洲分布变化。2003年中国对外直接投资主要流向到亚洲和拉丁美洲者两个地区,分别占据了中国OFDI总流量的52.7%和36.4%。2012年,中国对亚洲地区的OFDI流量增长至73.6%,对拉丁美洲地区的OFDI流量大幅度缩减至7.0%,投资主要流向了亚洲地区。中国对欧洲、北美洲、非洲和大洋洲的对外直接投资依次呈递减排名,流入这些国家和地区对外直接投资的增长率波动幅度一直保持在5.0%以内。虽然对北美洲和欧洲的OFDI流量仍然很少,但2003—2012年流向这些区域的投资比例总体呈增加趋势。

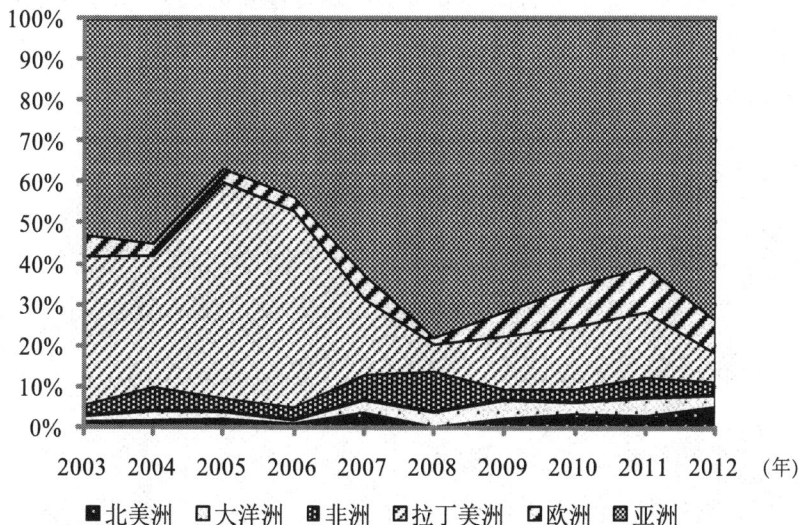

图3-9　中国OFDI流量的各洲分布变化(2003—2012年)

注:根据《2003—2012年度中国对外直接投资统计公报》数据进行整理,OFDI流量数据均使用现价计算,单位为%。

可见,过去十多年"走出去"战略过程中,中国对外投资主要采取了"就近投资"和投向拉美区域的原则,亚洲逐渐成为中国OFDI最具吸引力的区域。由于对外投资与国内投资相比面临的国际环境复杂,受到2008年金融危机的影响,这一时期中国流向欧洲、拉丁美洲和北美洲的OFDI有小幅度的减少,转向流入亚洲地区,对大洋洲和非洲的OFDI有小幅增加。2012年,由于受到欧洲债务危机的影响,中国对欧洲、拉丁美洲、非洲和大洋洲的OFDI流量迅速下滑,对北美洲和亚洲的OFDI流量有小幅上升。

(2)OFDI存量的区域分布。

如图3-10所示,展示了2003—2012年中国OFDI存量各洲分布变化,亚洲和拉丁美洲占中国OFDI存量的比例一直保持着第一和第二的位置,亚洲和拉丁美洲的OFDI存量分别占中国OFDI总存量的比例由2003年的80.5%和13.6%到2012年的68.7%和12.9%,说明亚洲和拉丁美洲对中国对外直接投资具有较强的吸引力,同时这两个区域的投资环境较好,中国在这些区域的投资具有稳定的持续性。同时可以发现,中国对亚洲和拉丁美洲的OFDI存量有不断下降的趋势,对欧洲、北美洲、非洲和大洋洲的OFDI存量在不断上升,这说明中国对各个区域OFDI的差距在不断缩小。

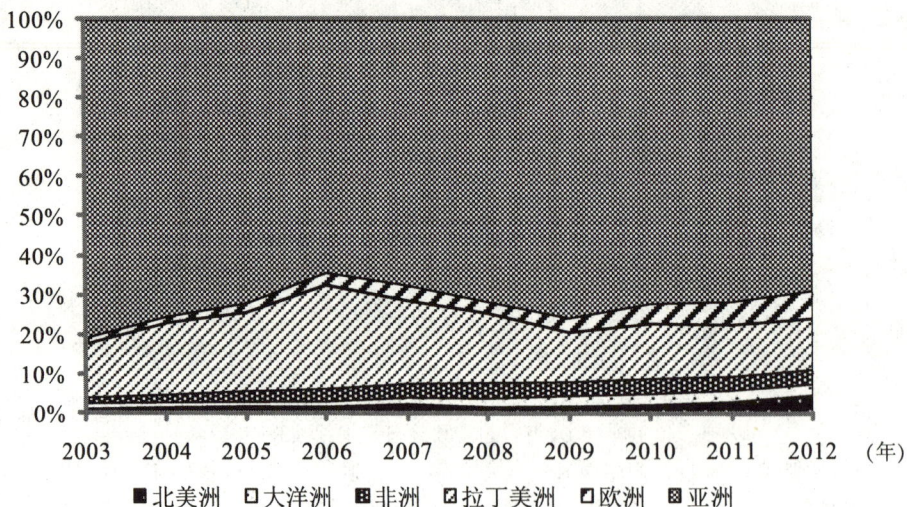

图3-10　中国OFDI存量的各洲分布变化(2003—2012年)

注:根据《2003—2012年度中国对外直接投资统计公报》数据进行整理,OFDI存量数据均使用现价计算,单位为%。

从中国对外直接投资的投资流量区域结构看,亚洲和拉丁美洲一直是中国对外直接投资的重点,2012年中国在亚洲和拉丁美洲的OFDI流量占总额的比重将近80.0%。非洲投资环境的薄弱性严重制约了中国对非洲投资规模的扩张(赵囡囡,卢进勇,2011)。同时,中国对大洋洲、欧洲和北美洲的投资增长迅速,原因主要是发达国家经济在恢复性增长以及中国对外直接投资布局在合理调整。从中国对外直接投资的投资存量区域结构看,中国OFDI分布区域更趋于广泛化、合理化,由最初的集中在地理位置相邻的亚洲以及制度距离相近的国家和地区,逐步向跨区域、跨文化的方向调整。

　　总体来说,中国当前的对外直接投资结构主要在于三个方面的原因:第一,中国日益成为对外直接投资大国,如何克服东道国对中国对外直接投资的"怀疑论",尤其是面对自然资源丰裕的发展中国家,中国可能被视为南南中心外围关系下的"新殖民主义"威胁论,这也是中国近几年在拉丁美洲 OFDI 流量的下降不容忽视的原因;第二,中国对外直接投资的产业结构、企业实力以及国际竞争力等距离发达国家市场竞争要求还有较大差距,可能在于中国企业进入国际市场后存活率较低;第三,发达国家严格的投资环境和条件管制限制了中国企业的投资。从中国"走出去"战略的长期发展来看,亚洲作为中国对外直接投资的重点区域的地位依然不会发生变化,非洲、拉丁美洲、大洋洲、欧洲以及北美洲还有很大的上升空间。

3.3.3　区位分布的投资结构及排名

　　表 3-7 中统计了 2003—2012 年中国 OFDI 流量年均值排名前 30 的国家和地区。根据统计结果,排名前三位的国家和地区都是著名的避税地,分别是中国香港、开曼群岛以及英属维尔京群岛,这充分说明中国对外直接投资具有明显的避税目的。同时,中国香港也是亚洲吸引中国对外直接投资最大的地区,开曼群岛和英属维尔京群岛分别是拉丁美洲吸引中国对外直接投资排名第一和第二的地区。除去避税地寻求的投资动机外,在排名前 10 的国家和地区中,有 3 个属于亚洲、2 个属于拉丁美洲、2 个属于欧洲、1 个属于北美洲、1 个属于大洋洲以及 1 个属于非洲。卢森堡、美国和英国这些老牌的发达国家依然是中国对外直接投资的主要目的地,其中卢森堡和英国分别是欧洲地区吸引中国对外直接投资排名第一和第二的国家,这说明拥有技术领先优势的发达国家依然是发展中国家对外直接投资的主要东道国。新型工业化国家新加坡排名第六,此外,资源禀赋方面占有优势的澳大利亚、南非和哈萨克斯坦也是中国对外直接投资的主要目的地,虽然澳大利亚是典型的发达国家,但是 2012 年中国对澳大利亚采矿业的对外直接投资达到 66.1%,这些都表现了中国对外直接投资具有明显的资源寻求型动机。在排名前 30 的国家和地区中,除去明显的避

税地开曼群岛和英属维尔京群岛以外,有中国香港、澳大利亚、卢森堡、新加坡、美国、英国、加拿大、法国、德国、瑞典、韩国、中国澳门12个发达国家和地区,哈萨克斯坦、俄罗斯联邦、伊朗、委内瑞拉4个中等发达国家,南非、印度尼西亚、蒙古、缅甸、柬埔寨、老挝、泰国以及越南8个发展中国家,尼日利亚、巴基斯坦、苏丹以及赞比亚4个最不发达国家,这一国家分类是依据联合国人类发展指数(Human Development Index,HDI)[1]的划分标准。

表3-7　中国OFDI流量年均值排名前30的国家和地区(2003—2012年)

国家或地区	所属洲	排名	OFDI流量(现价)	OFDI流量(不变价)
中国香港	亚洲	1(1)	117.50	1240.00
开曼群岛	拉丁美洲	2(1)	33.84	216.96
英属维尔京群岛	拉丁美洲	3(2)	22.52	125.66
澳大利亚	大洋洲	4(1)	12.34	66.28
卢森堡	欧洲	5(1)	11.32	60.10
新加坡	亚洲	6(2)	9.47	50.04
美国	北美洲	7(1)	9.35	48.73
英国	欧洲	8(2)	5.39	27.43
南非	非洲	9(1)	5.00	29.60
哈萨克斯坦	亚洲	10(3)	4.60	23.27
加拿大	北美洲	11(2)	4.21	23.58
俄罗斯联邦	欧洲	12(3)	4.05	23.39
法国	欧洲	13(4)	3.77	18.47
缅甸	亚洲	14(4)	2.86	15.13
印度尼西亚	亚洲	15(5)	2.81	14.52
德国	欧洲	16(5)	2.58	14.11
蒙古	亚洲	17(6)	2.44	13.09
柬埔寨	亚洲	18(7)	2.14	11.26

---

[1]HDI指数是由联合国开发署在1990年发布的《人文发展报告》中首次提出,以衡量联合国成员国的经济社会发展水平,弥补了传统GNP(Gross National Product)指标的不足。运用预期寿命、成人识字和人均GDP三个指标反映人的长寿水平、知识水平以及生活水平。根据这一标准,将国家和地区的发展阶段分为发达国家和地区、中等发达国家和地区、发展中国家和地区以及最不发达国家和地区四类。这是当前用来判断和划分样本国家的主要标准。

国家或地区	所属洲	排名	OFDI流量(现价)	OFDI流量(不变价)
老挝	亚洲	19(8)	2.10	10.96
伊朗	亚洲	20(9)	2.03	10.43
巴基斯坦	亚洲	21(10)	1.96	11.56
委内瑞拉	拉丁美洲	22(3)	1.95	9.62
瑞典	欧洲	23(6)	1.80	9.64
韩国	亚洲	24(11)	1.79	10.89
泰国	亚洲	25(12)	1.68	9.03
尼日利亚	非洲	26(2)	1.63	9.51
中国澳门	亚洲	27(13)	1.49	8.35
苏丹	非洲	28(3)	1.39	7.78
越南	亚洲	29(14)	1.28	6.99
赞比亚	非洲	30(4)	1.21	6.62

注:(1)根据《2003—2012年度中国对外直接投资统计公报》数据进行整理,OFDI流量数据分别计算了现价(亿美元)和不变价(亿元)的均值;(2)OFDI流量排名根据现价排名,"排名"一栏中括号内是OFDI流量均值在其所属洲中的排名;(3)国家和地区、国家和地区所属洲分类标准依据中华人民共和国商务部、中华人民共和国国家统计局以及国家外汇管理局发布的《中国对外直接投资统计公报》。

表3-8,描述了2003—2012年中国OFDI存量年均值排名前30的国家和地区。中国香港、开曼群岛、英属维尔京群岛以及百慕大群岛这些传统的避税地仍然是中国对外直接投资东道国存量规模最大的地区。此外,在排名前10位的国家中,除了南非与俄罗斯联邦分别是发展中国家和地区外,其余国家都属于发达国家和地区,这也说明发达国家完善的配套设施和良好的制度更加有利于中国对该地区持续性的对外直接投资。将中国OFDI存量年均值排名前30的国家和地区与流量排名对比可以发现,除老挝和赞比亚以外,OFDI流量和存量数据存在一致性,说明中国对外直接投资区域相对集中,一旦选择在这些地区开展对外直接投资,就会进行持续性的长期投资。在排名前30的国家和地区中,除去明显的避税地开曼群岛、英属维尔京群岛和百慕大群岛以外,根据HDI指数关于国家和地区的划分标准,有中国香港、澳大利亚、美国、卢森

堡、新加坡、英国、加拿大、中国澳门、韩国、德国、法国、日本、瑞典13个发达国家和地区,俄罗斯联邦、哈萨克斯坦2个中等发达国家,南非、蒙古、缅甸、印度尼西亚、柬埔寨、泰国、越南、阿尔吉尼亚8个发展中国家,巴基斯坦、赞比亚、苏丹、尼日利亚4个最不发达国家。

表3-8　中国OFDI存量年均值排名前30的国家和地区(2003—2012年)

国家或地区	所属洲	排名	OFDI存量(现价) 单位:亿美元	OFDI存量(不变价) 单位:亿美元
中国香港	亚洲	1(1)	1250.00	6870.00
开曼群岛	拉丁美洲	2(1)	153.23	900.29
英属维尔京群岛	拉丁美洲	3(2)	123.88	665.64
澳大利亚	大洋洲	4(1)	45.74	241.21
美国	北美洲	5(1)	41.78	220.30
卢森堡	欧洲	6(1)	40.87	205.58
新加坡	亚洲	7(2)	39.88	207.95
南非	非洲	8(1)	17.43	102.68
俄罗斯联邦	欧洲	9(2)	18.50	100.80
英国	欧洲	10(3)	16.13	82.41
加拿大	北美洲	11(2)	15.92	83.74
哈萨克斯坦	亚洲	12(3)	14.79	76.80
中国澳门	亚洲	13(4)	14.43	81.90
韩国	亚洲	14(5)	11.21	65.56
德国	欧洲	15(4)	10.73	58.24
巴基斯坦	亚洲	16(6)	10.48	56.94
蒙古	亚洲	17(7)	9.54	50.95
缅甸	亚洲	18(8)	9.13	47.21
法国	欧洲	19(5)	8.55	41.92
印度尼西亚	亚洲	20(9)	8.50	45.32
赞比亚	非洲	21(2)	6.79	37.24
柬埔寨	亚洲	22(10)	6.73	35.05
泰国	亚洲	23(11)	6.56	35.83

国家或地区	所属洲	排名	OFDI存量(现价) 单位:亿美元	OFDI存量(不变价) 单位:亿美元
日本	亚洲	24(12)	6.46	35.45
越南	亚洲	25(13)	6.20	34.03
百慕大群岛	北美洲	26(3)	6.10	31.89
苏丹	非洲	27(3)	6.06	34.28
瑞典	欧洲	28(6)	5.89	29.73
尼日利亚	非洲	29(4)	5.69	32.09
阿尔及利亚	非洲	30(4)	5.41	29.60

注:(1)根据《2003—2012年度中国对外直接投资统计公报》数据进行整理,OFDI存量数据分别计算了现价和不变价的均值。(2)OFDI存量排名根据现价排名,"排名"一栏中括号内是OFDI存量均值在其所属洲中的排名。(3)国家和地区、国家和地区所属洲分类标准依据中华人民共和国商务部、中华人民共和国国家统计局以及国家外汇管理局发布的《中国对外直接投资统计公报》。

综上所述,中国对外直接投资的国家和地区分布排名存在以下特点:

第一,中国对外直接投资的区域结构呈现出明显的地区集中特点,这种区域过度集中主要体现在 OFDI 流量和存量东道国的一致,对发达国家的投资排名靠前,主要集中在美国、英国、卢森堡这些技术领先的发达国家,并具有长期持续的投资。对发展中国家的投资倾向于"就近投资"原则,尤其是蒙古、缅甸、越南、老挝、泰国和柬埔寨等区域。此外,中国大量的对外直接投资集中投向资源丰裕的国家和地区,尤其是中东和非洲国家和地区,如巴基斯坦、赞比亚、尼日利亚等。这种集中容易造成企业间的重复投资和资源利用率下降,不利于中国企业在全世界范围内的生产布局和合理分配价值链;

第二,中国作为最大的发展中国家,对外直接投资具有明显的"二元路径",既有面向发展中国家和地区以及最不发达国家和地区顺向的对外直接投资,也有面向发达国家和地区逆向的对外直接投资。但无论是中国 OFDI 流量还是存量排名,面向发达国家和地区的对外直接投资占多数,说明发达国家和地区良好的制度环境和政治经济发展水平更能吸引中国的对外直接投资并保证对其进行持续性的投资。这也说明中国对外直接投资不同于美国、日本发

达国家对外直接投资的模式,具有其独特性;

第三,中国OFDI分布区域多元化,中国OFDI流量和存量排名前30位的国家和地区分布于亚洲、欧洲、北美洲、拉丁美洲、大洋洲和非洲这6个洲,说明中国对外直接投资的分布日益广泛,充分考虑了世界经济发展的可持续性和分散性,这有利于分散对外投资的风险性。

3.3.4　区位分布的空间演变

1978年,中国开始实施改革开放战略。1979年,"出国办企业"政策正式实施。2000年,中国开始实施"走出去"战略。2003年,《中国对外直接投资统计公报》开始统计中国对外直接投资的概况,经过数十年的发展,中国企业海外投资的规模在不断扩张,同时,中国对外直接投资的空间布局也在发生位移。

(1)中国OFDI流量的空间演变。

通过数据统计发现,2003年,中国大规模的OFDI流量主要流入俄罗斯联邦、澳大利亚、哈萨克斯坦、蒙古、伊朗、巴基斯坦、澳大利亚、美国、巴西、马里、南非、尼日利亚、赞比亚、地中海沿岸以及东南亚等国家和地区。中等规模的OFDI流量主要流入阿根廷、阿尔及利亚、埃及、印度等国家和地区,对加拿大、墨西哥等国家和地区的OFDI流量排名在91名以后。2012年,中国大规模的OFDI流量主要流入俄罗斯联邦、哈萨克斯坦、蒙古、澳大利亚、美国、加拿大、阿根廷等国家和地区。对埃及、印度、巴西、墨西哥等国家和地区的OFDI流量其次。非洲中部、欧洲北部以及中东的OFDI流量较少。

对比2003年和2012年中国对外直接投资流量流入地区的空间分布可以发现,中国大规模的OFDI流量流入地区明显增多。俄罗斯联邦、哈萨克斯坦、蒙古、美国、澳大利亚以及东南亚国家和地区一直是中国OFDI流量排名靠前且稳定流入的东道国。部分国家和地区在2003年时OFDI流量流入较少,但是在2012年OFDI流量规模明显增多,如加拿大、阿根廷等国家和地区。对部分地区的OFDI流量依然很少,例如,利比亚、中非、刚果民主共和国等国家和地区,主要分布在非洲地区,部分原因在于政治、经济制度的劣势阻碍了外资的流入和发展。此外,对部分国家和地区的OFDI流量呈现明显减少的趋势,如南非、巴西等国家和地区。

(2)中国OFDI存量的空间演变。

通过数据统计发现,2003年中国OFDI存量排名1~31的国家和地区主要分布在美国、加拿大、巴西、墨西哥、南非、俄罗斯联邦、澳大利亚、日本以及东南亚等。2012年中国OFDI存量排名1~31的国家和地区主要分布在美国、加拿大、俄罗斯联邦、蒙古国、哈萨克斯坦、澳大利亚以及东南亚等。

从2003—2012年中国OFDI存量空间分布的演化地图可以发现,中国对外直接投资在空间分布上覆盖国家和地区越来越广,大规模的对外直接投资存量集中在世界上少数国家和地区,此外,国家和地区间OFDI存量的规模差距较大。

3.4　本章小结

本章在梳理了世界国际投资和中国对外直接投资的发展历程基础上,采用经济统计和数据描述的方法,对中国对外直接投资的整体概况进行了详细的图表分析和描述,特别是规模特征、投资主体、投资来源以及投资行业构成,最后对中国OFDI区位选择的地理空间分布进行了详细的统计,总结出中国OFDI区位选择的内在规律。根据数据统计和分析,本章厘清了中国OFDI区位选择的初步脉络,主要具有以下特点:

(1)在世界经济格局经历由"单极"到"多极"发展的背景下,中国也拉开了对外直接投资的序幕,从1978年中国的改革开放政策到2000年"走出去"战略的提出,经过30多年的开放型经济的探索,中国已由传统的对外贸易大国、吸收外资大国向对外投资大国转变,实现了"引进来"和"走出去"战略的相结合,在利用"两个市场"和"两种资源"完成资源在世界范围内的配置方面已经取得了初步成效,在全球的国际直接投资地位逐步提高,已经仅次于美国和日本,成为世界第三大对外直接投资国,在短期内会成为净对外直接投资国。

(2)通常认为的国有企业因具有优越性是中国对外直接投资主要投资主

体的观点有待考证。随着市场经济的发展和现代企业改革的深入,从2007—2012年,有限责任公司作为中国对外直接投资主要的投资主体的比重在逐渐上升,在近几年甚至超过一半的比重。但是,不可否认的事实是,由于国有企业先天的特殊性,其在对外直接投资中的适应性和抵御风险的能力更强,所以在中国OFDI存量的投资主体中仍然占据很高的比重。

(3)就中国对外直接投资行业分布而言,2003—2012年,采矿业和制造业、住宿和餐饮业以及租赁和商务服务业是中国对外直接投资的主要行业。可见,中国对外直接投资仍然处于低附加值以及技术含量较低的行业。但是我们可以看见,从2003—2012年,中国对金融业和房地产业的对外直接投资比重经历了大幅度的上升,对信息传输、计算机服务和软件业以及科学研究、技术服务和地质勘查业这类技术密集型行业的对外直接投资比重也在小幅上涨。中国对外直接投资行业正处于产业结构调整的时期,已经由传统的主要投向传统的制造业逐渐过渡到重点投向服务业,服务业已经成为中国对外直接投资的主导行业,这也迎合了中国大力发展服务业的战略目标,中国对外直接投资已经迎来了服务经济的时代。

(4)传统意义上,对外直接投资是由发达国家主导,利用其竞争优势在全球范围内投资获得更高的利润。中国对外直接投资却具有其独特性,既有面向发达国家逆向的探索性对外直接投资,又存在面向发展中国家顺向的利用型对外直接投资,可见中国对外直接投资具有明显的"二元路径"特点。就中国OFDI区位选择而言,对发展中国家顺向的"利用型"对外直接投资主要采取了"就近投资"的原则,主要面向东盟的国家包括新加坡、缅甸、印度尼西亚、柬埔寨、老挝、泰国以及越南,面向中亚的哈萨克斯坦以及蒙古国和俄罗斯联邦,这说明中国对外直接投资具有明显的"制度接近论"的倾向,对制度接近的国家开展对外直接投资有利于母国快速适应东道国的市场经营环境,以增长投资时间的持续性。对发达国家逆向的"探索性"对外直接投资主要集中于技术占有领先优势的美国、欧盟国家和地区,主要因为对发达国家的对外直接投资有利于中国企业通过逆向技术溢出效应吸收国外的先进技术和管理经验,实现母国的技术提升。

（5）根据中国对外直接投资的行业构成比例和区位地理分布的结合分析，可以发现，中国对外直接投资的投资动机主要包括自然资源寻求型、市场寻求型和技术寻求型（王碧珺，2013）。从地理分布可以看出，中国在过去10年仍然保持着对世界上最不发达的国家和地区的投资，主要是非洲的尼日利亚、赞比亚以及中亚的巴基斯坦，这些国家存在社会经济发展水平有限和制度环境不稳定的劣根性，但是都是自然资源比较丰裕的国家。这也可以解释西方学者提出的中国对非洲的对外直接投资存在所谓的"新殖民主义"色彩。事实上，中国对非洲地区的对外直接投资对当地基础设施建设领域的进步发挥了巨大的作用，对非洲经济增长起到了推动作用（Foster et al.，2008）❶。可见，市场规模、法律制度、成本、自然资源以及语言文化这些跨国企业选择对外直接投资东道国的传统偏好因素是否适用于中国有待考察。

（6）2003—2012年，中国OFDI区位选择呈现不断扩张的趋势，OFDI流量累计覆盖全球175个国家和地区，OFDI存量累计覆盖全球183个国家和地区，OFDI流量和存量都呈现向亚洲集聚的趋势。中国OFDI区位选择的投资结构都以小规模投资为主，大规模投资高度集聚在少数国家和地区。根据中国OFDI区位分布的具体地区数据统计，"避税地"仍是吸引中国对外直接投资流入的主要目的地，中国香港、开曼群岛和英属维尔京群岛都是2003—2012年中国OFDI流量和存量均值排名前三的国家和地区。

（7）从2003年和2012年中国对外直接投资流量和存量的空间分布图可以发现，中国对外直接投资经历了一个明显的空间演变过程和轨迹，对外直接投资流入的国家和地区不断增多，规模也不断扩张。同时可以发现，不论是对外直接投资流量还是对外直接投资存量，都以大规模的对外直接投资集聚为主，中小规模的对外直接投资占少数国家和地区。

---

❶参考2008年世界银行推出的《建设桥梁：中国在撒哈拉以南非洲基础设施建设融资中日益增长的作用》的报告中得出的结论，认为中国对非洲的投资提升了其"造血功能"。

第4章 中国OFDI区位选择的影响因素

国际投资环境密切影响国际直接投资的成败,直接关系到投资意愿和投资决策,企业的内部张力、外部引力和环境支撑力共同影响企业的对外直接投资(张为付,2008)。本章对于中国OFDI区位选择影响因素的研究主要从中国作为投资母国的视角出发,结合东道国经济、政治以及法律制度的发展水平,研究2003—2012年中国OFDI区位选择在投资选择和投资规模方面的影响因素。首先,本章对投资动机、区位优势和中国对区位选择的关系进行了简要的机理分析;其次,介绍了东道国制度质量作为投资引力对区位选择的影响;最后,运用实证分析方法考察了中国OFDI区位选择的影响因素。中国OFDI区位选择是母国投资动机和东道国投资引力相互影响和博弈的结果,厘清中国OFDI区位选择决定因素问题能为后续研究中国OFDI区位选择的路径和建议提供经验证据。

4.1 投资动机:投资推动力

4.1.1 中国OFDI投资动机

随着国际分工的深化和经济全球化的发展,世界经济体的联系日益密切,国际投资和跨国经营活动增多。特别是中国这类新兴经济体(Emerging Economies,EE),伴随着"走出去"战略的深入发展,中国对外直接投资的投资规模和区位选择扩张迅速,母国对外直接投资的投资动机成为学者关注的问题(Mathews,2006;Buckley et al.,2007)。Kojima(1978)认为对外直接投资是资本、技术、信息、管理经验等"一揽子经营要素"的转移,将对外直接投资动机分为自然资源导向型、市场导向型和生产要素导向型。Dunning(1998)将对外直接投资的投资动机进行了更加详细的分类和拓展,主要分为自然资源寻求型、市场寻求型、效率寻求型以及战略资产寻求型,但这种分类标准主要存在于发达国家对发展中国家顺向利用型的对外直接投资中(UNCTAD,2006)。2006年,联合国贸易与发展会议(UNCTAD)发布的《世界投资报告》将对外直接投资的投资动机分为市场寻求型、效率寻求型、资源寻求型以及创新资产寻求型。

企业对外直接投资的主要目的是利用和培育竞争优势,获得更好的回报和利润(黄益平,2013)。中国作为发展中国家中最大的对外直接投资国,具有生产成本较低和劳动力资源丰富的特性,凭借这些优势,更是成为"世界工厂"和"制造中心"。2014年,中国是自2003年以来首次超过美国成为全球外商直接投资的第一大目的国。[1]因此,以效率寻求为目的的对外直接投资不是中国企业海外投资的主要动机,中国对外直接投资的投资动机主要集中于市场寻求型(Market Seeking)、资源寻求型(Resource Seeking)以及技术寻求型(Technology Seeking)(胡博,2008;Buckley et al.,2008;张春萍,2012;Wang,Huang,2011)。

根据2003—2012年《中国对外直接投资统计公报》数据计算,2003—2012年间中国 OFDI 流量累计覆盖175个国家和地区,考虑到投资动机和东道国的经济发展水平和要素禀赋(张春萍,2012),参照王恕立、向姣姣(2014a)的做法,根据联合国人类发展指标(Human Development Index,HDI)将175个样本国家和地区根据投资动机的差异分为三类进行考察,包括28个发达经济体、66个新兴经济体与发展中国家以及81个资源丰裕类国家,各类投资动机下对应的国家和地区如表4-1所示。

---

[1]数据来源于2015年联合国贸易与发展会议发布的《全球投资趋势报告》。

表4-1　基于投资动机的所有OFDI流量面向国家和地区分类

划分类别	样本国家和地区
发达经济体	爱尔兰、奥地利、巴巴多斯、百慕大群岛、比利时、冰岛、丹麦、德国、法国、芬兰、荷兰、捷克、拉脱维亚、卢森堡、列支敦士登、马耳他、美国、挪威、葡萄牙、日本、瑞典、瑞士、斯洛伐克、西班牙、希腊、新西兰、意大利、英国
新兴经济体与发展中国家和地区	阿尔巴尼亚、埃及、埃塞俄比亚、安提瓜和巴布达、巴哈马、巴基斯坦、巴拉圭、巴勒斯坦、巴拿马、白俄罗斯、保加利亚、贝宁、布隆迪、多哥、菲律宾、佛得角、冈比亚、格鲁吉亚、古巴、韩国、吉布提、柬埔寨、开曼群岛、科摩罗、科特迪瓦、库克群岛、莱索托、老挝、黎巴嫩、立陶宛、卢旺达、罗马尼亚、马拉维、马来西亚、马里、马绍尔群岛、毛里求斯、秘鲁、莫桑比克、墨西哥、帕劳、萨摩亚、塞尔维亚、塞浦路斯、塞舌尔、圣文森特和格林纳丁斯、苏丹、塔吉克斯坦、中国台湾地区、泰国、坦桑尼亚、突尼斯、瓦努阿图、乌干达、新加坡、也门共和国、以色列、印度、印度尼西亚、约旦、越南、乍得、中国澳门、中国香港、斐济
资源丰裕类国家和地区	阿尔及利亚、阿富汗、阿根廷、阿拉伯联合酋长国、阿曼、阿塞拜疆、安哥拉、澳大利亚、巴布亚新几内亚、巴林、巴西、玻利维亚、波兰、波斯尼亚和黑塞哥维那、博茨瓦纳、伯利兹、朝鲜、赤道几内亚、东帝汶、多米尼加共和国、多米尼克、俄罗斯联邦、厄瓜多尔、厄立特里亚、刚果（布）、刚果（金）、哥伦比亚、哥斯达黎加、格林纳达、圭亚那、哈萨克斯坦、洪都拉斯、吉尔吉斯斯坦、几内亚、加拿大、加纳、加蓬、津巴布韦、喀麦隆、卡塔尔、科威特、克罗地亚、肯尼亚、利比里亚、利比亚、马达加斯加、马其顿、毛里塔尼亚、蒙古、孟加拉国、密克罗尼西亚联邦、缅甸、摩洛哥、纳米比亚、南非、南苏丹、尼泊尔、尼日尔、尼日利亚、塞拉利昂、塞内加尔、沙特阿拉伯、圣多美和普林西比、斯里兰卡、苏里南、特立尼达和多巴哥、土耳其、土库曼斯坦、委内瑞拉、文莱、乌克兰、乌拉圭、乌兹别克斯坦、匈牙利、叙利亚、牙买加、伊拉克、伊朗、赞比亚、智利、中非

注：分类标准参考《中国对外直接投资统计公报》中主要国家对外直接投资行业分类以及联合国人类发展指标。

2003—2012年，中国OFDI存量累计覆盖183个国家和地区，与表4-1的划分标准一致，将183个样本国家和地区根据投资动机的差异分为三类进行考察，包括30个发达经济体、69个新兴经济体与发展中国家以及84个资源丰裕类国家,各类投资动机下对应的国家和地区如表4-2所示。

表4-2　基于投资动机的所有OFDI存量面向国家和地区分类

划分类别	样本国家和地区
发达经济体	爱尔兰、爱沙尼亚、奥地利、巴巴多斯、百慕大群岛、比利时、冰岛、丹麦、德国、法国、芬兰、荷兰、捷克、拉脱维亚、列支敦士登、卢森堡、马耳他、美国、挪威、葡萄牙、日本、瑞典、瑞士、斯洛伐克、斯洛文尼亚、西班牙、希腊、新西兰、意大利、英国
新兴经济体与发展中国家和地区	阿尔巴尼亚、埃及、埃塞俄比亚、安提瓜和巴布达、巴哈马、巴基斯坦、巴拉圭、巴勒斯坦、巴拿马、白俄罗斯、保加利亚、贝宁、布隆迪、多哥、菲律宾、佛得角、冈比亚、格鲁吉亚、古巴、韩国、黑山、吉布提、柬埔寨、开曼群岛、科摩罗、科特迪瓦、库克群岛、莱索托、老挝、黎巴嫩、立陶宛、卢旺达、罗马尼亚、马拉维、马来西亚、马里、马绍尔群岛、毛里求斯、秘鲁、莫桑比克、墨西哥、帕劳、萨摩亚、塞尔维亚、塞尔维亚和黑山、塞浦路斯、塞舌尔、圣文森特和格林纳丁斯、苏丹、塔吉克斯坦、中国台湾地区、泰国、坦桑尼亚、突尼斯、瓦努阿图、乌干达、新加坡、亚美尼亚、也门共和国、以色列、印度、印度尼西亚、英属维尔京群岛、约旦、越南、乍得、中国澳门、中国香港、斐济
资源丰裕类国家和地区	阿尔及利亚、阿富汗、阿根廷、阿拉伯联合酋长国、阿曼、阿塞拜疆、安哥拉、澳大利亚、巴布亚新几内亚、巴林、巴西、玻利维亚、波兰、波斯尼亚和黑塞哥维那、博茨瓦纳、伯利兹、朝鲜、赤道几内亚、大洋洲其他国家和地区、东帝汶、多米尼加共和国、多米尼克、俄罗斯联邦、厄瓜多尔、厄立特里亚、刚果(布)、刚果(金)、哥伦比亚、圭亚那、哈萨克斯坦、洪都拉斯、吉尔吉斯斯坦、几内亚、几内亚(比绍)、加拿大、加纳、加蓬、津巴布韦、喀麦隆、卡塔尔、科威特、克罗地亚、肯尼亚、利比里亚、利比亚、马达加斯加、马其顿、毛里塔尼亚、蒙古、孟加拉国、密克罗尼西亚联邦、缅甸、摩尔多瓦、摩洛哥、纳米比亚、南非、南苏丹、尼泊尔、尼日尔、尼日利亚、塞拉利昂、塞内加尔、沙特阿拉伯、圣多美和普林西比、斯里兰卡、苏里南、所罗门群岛、汤加、特立尼达和多巴哥、土耳其、土库曼斯坦、委内瑞拉、文莱、乌克兰、乌拉圭、乌兹别克斯坦、匈牙利、叙利亚、牙买加、伊拉克、伊朗、赞比亚、智利、中非

　　注:分类标准参考《中国对外直接投资统计公报》中主要国家对外直接投资行业分类以及联合国人类发展指标。

4.1.2 投资动机与中国OFDI区位选择

(1)基于投资动机下的中国OFDI流量分布比例。

随着对外直接投资战略发展日益成熟,中国对外直接投资动机也开始趋于分散化的发展。如图4-1所示,统计了2003—2012年不同投资动机下中国OF-DI流量分布的变化和比例。从中国OFDI流量的整体分布趋势看,投向发达经济体的技术寻求型OFDI流量比重较少,投向资源丰裕类国家的资源寻求型OFDI流量所占比重其次,投向新兴经济体与发展中国家的市场寻求型OFDI流量比重最大。2003—2012年这十年间,技术寻求型和资源寻求型OFDI流量的比例保持着不断上升的趋势,到2012年,技术寻求型和资源寻求型OFDI流量所占的比重均在10.0%左右。相反,市场寻求型OFDI流量在这十年间的总体比重呈不断下降的趋势,但仍然保持着相当高的比重,始终保持在80.0%左右的比重。总体来看,投向发达经济体的技术寻求型OFDI流量比重由2003年的6.5%上升至2012年的11.8%,投向新兴经济体与发展中国家的市场寻求型OFDI流量由2003年的87.9%下降至2012年的71.0%,投向资源丰裕类国家的资源寻求型OFDI流量由2003年的5.6%快速上升至2012年的17.3%。

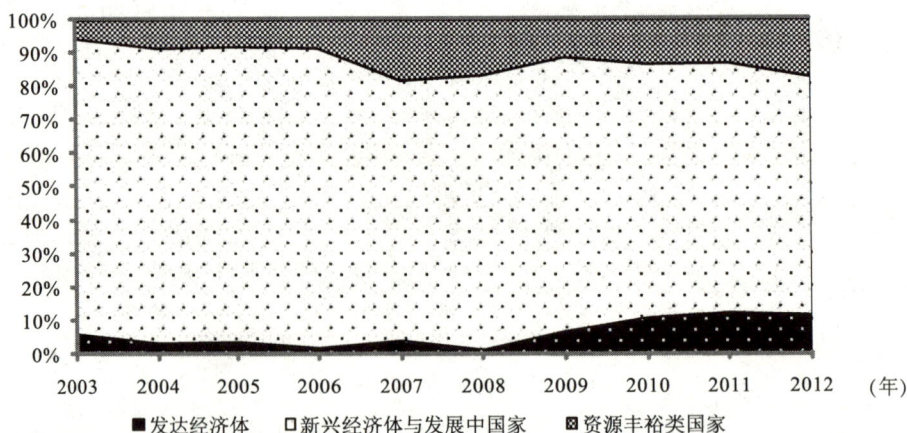

图4-1　不同投资动机下中国OFDI流量分布变化及比例(2003—2012年)

注:根据2003年至2012年《中国对外直接投资统计公报》数据进行整理,OFDI流量数据均使用现价计算,单位为%。

（2）基于投资动机下的中国OFDI存量分布比例。

如图4-2所示,统计了2003—2012年不同投资动机下中国OFDI存量分布的变化和比例。与不同投资动机下中国OFDI流量分布的变化和比例一致,流入新兴经济体与发展中国家的市场寻求型OFDI存量所占比重较高,保持在80.0%左右。流入发达经济体和资源丰裕类国家的技术寻求型和资源寻求型OFDI存量所占比重较少,仅在10.0%左右。总体来看,中国OFDI存量和流量的投资动机变化趋势一致,投向发达经济体的技术寻求型OFDI存量的比重由2003年的3.0%上升至2012年的10.0%,投向新兴经济体与发展中国家的市场寻求型OFDI存量的比重由2003年的92.2%下降至2012年的77.4%,投向资源丰裕类国家的资源寻求型OFDI存量的比重由2003年的4.8%上升至2012年的12.6%。

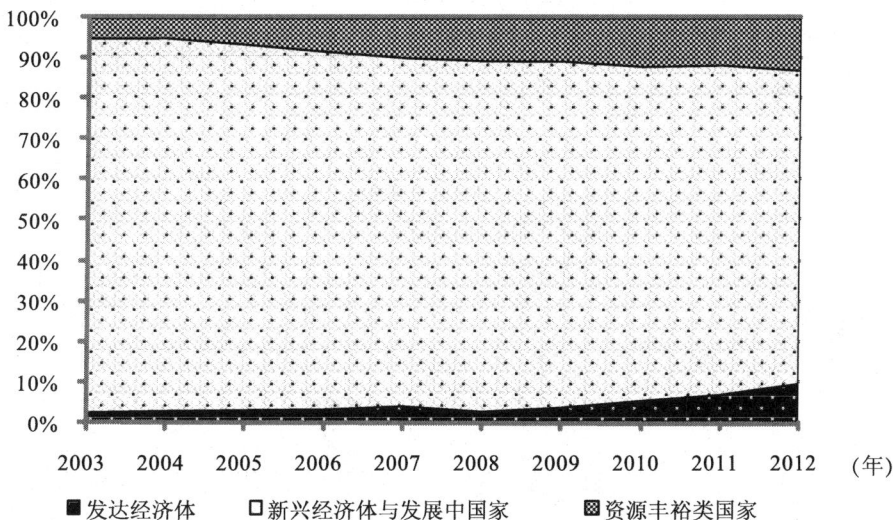

图4-2　不同投资动机下中国OFDI存量分布变化及比例(2003—2012年)

注:根据2003年至2012年《中国对外直接投资统计公报》数据进行整理,OFDI存量数据均使用现价计算,单位为%。

4.1.3 母国投资动机、区位优势及区位选择

投资动机和能力是研究母国对外直接投资行为的两个维度,投资动机是反映母国开展对外直接投资的目的,能力是进行对外直接投资的基础和必备条件,当这两个条件都具备时,跨国公司就会选择对哪个国家或地区开展对外投资(王凤彬,杨阳,2010),OFDI区位选择与东道国的区位优势和母国的投资动机密切相关(Dunning,1998),是母国投资动机和东道国区位优势匹配的结果。Dunning(1998)概括20世纪70年代和20世纪90年代两个不同时期跨国公司对外直接投资过程中投资动机与东道国区位优势的变化。随着世界经济一体化的发展,国家间的国家化跨国经营活动增多,尤其是20世纪90年代以后,随着原材料资源的减少、交通运输成本的下降以及交易利润的增加,区域间和国家间的国际直接投资活动进一步加强。表4-3描述了母国投资动机以及东道国需具备的区位优势的匹配。

表4-3　投资动机与东道国区位选择影响因素(20世纪70年代和90年代)

投资动机	70年代	90年代
A. 资源寻求型	1.物美价廉的自然资源的可获得性 2.基础设施能够满足自然资源的开采,制成品能够顺利出口 3.政府提供宽松的FDI和资本流动的政策 4.投资刺激政策,比如免税期	1.自然资源的质量、加工制造的工序方法以及制成品运输方式的升级 2.当地的合作伙伴能够联合推动知识和资本密集型资源的开发

投资动机	70年代	90年代
B. 市场寻求型	1. 邻近的区域市场(例如欧洲) 2. 工资和原材料成本 3. 交通成本,关税和非关税贸易壁垒 4. 享有进口许可的特惠	1. 主要是规模较大且日益增长的国内市场以及毗邻的区域市场(例如北美自由贸易区、欧盟) 2. 大量廉价的熟练且专业化的劳动力 3. 具有竞争力的相关产业,例如领先的行业供应商 4. 当地基础设施的质量,制度竞争力 5. 较少的市场扭曲 6. 东道国具有宏观的组织政策 7. 知识密集型产业用户不断增长的需求 8. 区域或当地的代理商组织促销活动
C. 效率寻求型	1. 生产成本相关的要素,包括劳动力、原材料和机器 2. 中间品和最终产品能够自由贸易 3. 聚集经济的存在,包括出口加工区 4. 投资激励措施,包括税收减免、加速折旧、拨款以及土地补贴	1. 更加强调 B. 2、3、4、5、7,尤其对于知识密集型和一体化的跨国公司活动,比如 R&D 和办公室智能 2. 政府在消除障碍和重组经济活动中需发挥重要作用,促进人力资源接受良好的教育和培训 3. 专业化的空间集聚,例如科技产业园以及服务供应系统
D. 战略资产寻求型	1. 知识相关的资本和市场的可获得,投资企业能够在合适的价格内提高所有权优势 2. 制度和其他变量能帮助战略资本被国外企业并购	1. 由于以知识为基础的资产地理分布较散,公司需要控制这类战略性资产 2. 资产的价格和可获得性 3. 交换当地知识、观点和互动学习的机会 4. 接近不同的文化、制度、体系以及不同的消费者需求

资料来源: Dunning, J. H., 1998, "Location and the multinational enterprise: A neglected factor?", Journal of International Business Studies, Vol. 29 (1),45–66.

王增涛(2002)从企业角度入手,建立了OFDI区位选择分析框架,认为东道国区位因素、企业优势、企业投资动机、企业规模及所处跨国经营阶段、企业所属产业或准备投资领域是影响OFDI区位选择的五个主要因素。企业优势、企业投资动机、企业规模及所处跨国经营阶段、企业所属产业或准备投资领域这4个因素直接影响和制约着投资主体的吸引力大小。Luo和Tung(2007)认为获取战略资源、减少母国制度以及市场限制是企业国际化的重要动机,又称为"跳板假说"。然而,Lu等(2010)认为企业国际化经营的外部环境充满复杂和不稳定性,单一的"跳板假说"(Luo,Tung,2007)、"制度逃离假说"(Witt,Lewin,2007)以及"接近—杠杆—学习假说"(Mathews,2006)去解释跨国公司对外直接投资的投资动机是不合理的。进一步地,基于资源、产业以及制度视角(Yamakawa et al.,2008)的假设下,Lu等(2010)、Cui等(2011)从资源基础说(Resource Based View,RBV)、产业基础说(Industry Based View,IBV)和制度基础说(Institution Based View,IBV)三个方面运用"战略三脚架"的分析框架去解释中国对外直接投资的投资动机和投资战略选择,认为母国的技术竞争优势、R&D密度、政府支持会影响战略资源寻求型OFDI投资动机,出口经验、行业竞争力、政府支持会影响市场寻求型OFDI。因此,OFDI区位选择是母国投资动机与东道国区位优势匹配的结果。

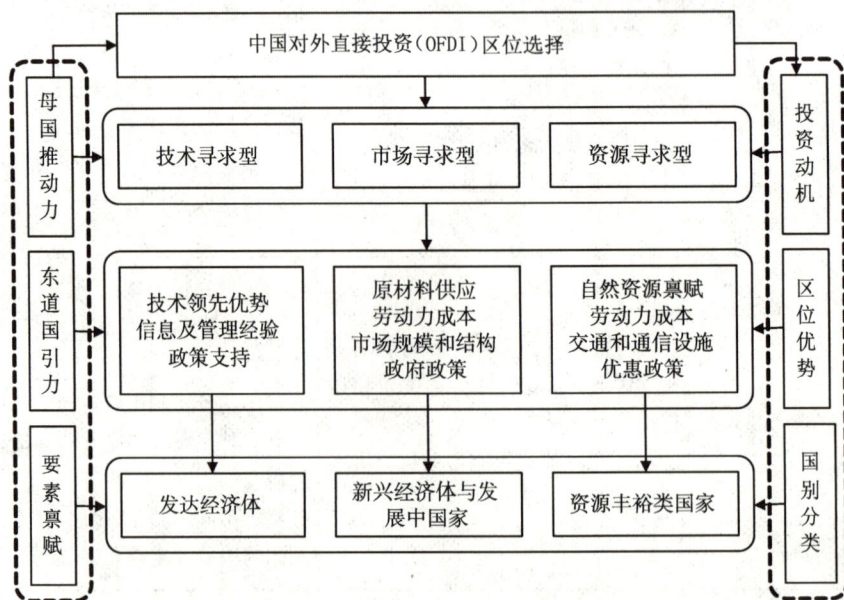

图4-3　中国OFDI区位选择与投资动机匹配示意图

图 4-3 展示了中国对外直接投资区位分布与投资动机、区位优势以及国别选择的逻辑示意图。在此,从母国推动力的角度出发,将母国投资动机分为技术寻求型、市场寻求型以及资源寻求型 OFDI;从东道国引力出发,将东道国的区位优势与要素禀赋下的国别分类进行匹配,将国家分为发达经济体、新兴经济体与发展中国家以及资源丰裕类国家,对应的区位优势主要有技术优势、市场优势以及资源禀赋优势。总之,中国对外直接投资的区位选择是在母国投资推动力和东道国引力匹配下的战略决策。

4.2 东道国投资环境:投资引力

4.2.1 制度与 OFDI 区位选择

经济全球化和世界经济一体化的步伐加快,特别是进入 21 世纪以后,世界各国之间的经济格局和国际经济规则制度变化莫测,了解国际投资环境对开展对外直接投资至关重要。国际投资环境主要分为东道国"硬环境"和"软环境",硬环境主要指东道国的自然资源和宏观经济发展水平,软环境主要指东道国的政策等制度环境。本章在考察母国推动力对中国 OFDI 区位选择影响的同时,重点关注了东道国制度环境对中国 OFDI 区位选择的决定性影响。关于制度质量对对外直接投资的影响的讨论由来已久。

新古典经济学框架下的索洛经济增长模型认为资本的积累、技术创新以及劳动力的提升是经济增长的动力,新制度经济学则将制度因素引入到经济增长的分析框架中。制度的概念首先由 North(1990)提出,North(1990)认为正式和非正式的制度是经济活动中交易成本的决定因素。进一步地,North(1991)将制度定义为政治、市场以及社会结构的相互作用。关于制度质量与对外直接投资的关系,Dunning(1977)的国际生产折衷理论(OLI)认为,跨国公司对外直接投资增长的原因在于母国利用其竞争优势即所有权优势(Ownership Advantage)通过对外直接投资的方式到具有区位优势(Location Advantage)的东道国投资(Dunning,2001)。基于国际生产折衷理论(Dunning,1977),Dunning 和

Lundan（2008）将正式和非正式制度引入到国际生产折衷理论分析框架中，考察制度维度是如何融入到国际生产折衷理论中。Habib 和 Zurawicki（2002）认为中国对外直接投资具有明显的"制度接近性"，其利用7个发达国家对89个国家对外投资的数据，结论认为母国与东道国的制度差距越小，越容易适应制度环境和交易规则，从而促成对外直接投资的达成。基于全球对外直接投资主要发生在发达国家之间，其较小的制度差异性也侧面证实了"制度接近性"的存在。也有学者认为"制度逃离假说"（Witt，Lewin，2007）是发达国家 FDI 流出的主要动机，对外直接投资是逃离母国制度障碍、经济风险以及市场限制的一种方式（Rugman，Verbeke，1998）。特别是在市场作用受限的情况下，制度在对外直接投资中发挥着重要作用。

资源基础观认为有价值的、稀缺的、可模仿的以及不可替代的资源是跨国公司国际化竞争中竞争优势的重要来源（Barney，1999），国际化扩张是企业进入海外市场的方式，以此开发和利用国外市场有价值的资源。产业基础观认为行业发展的国家化程度的高低取决于受文化和国家特定优势影响的标准化产品和服务，拥有技术领先的行业在对外直接投资中比技术劣势的行业更具优势，同时，由于政策支持的差异，行业发展也存在异质性，私有化产业更可能通过兼并方式获得海外扩张的机会（Wang et al.，2012）。基于资源基础观和产业基础观发展起来的制度基础观认为，跨国战略决策不仅受到企业能力和产业发展的限制，制度直接影响母国国际化战略的制定以及实施（Peng et al.，2008）。

4.2.2 制度质量分类与中国 OFDI 区位选择

制度质量是中国 OFDI 区位选择的决定因素，东道国制度影响市场进入方式和进入市场的交易成本，最终会影响对外直接投资在东道国的投资持续性。关于制度质量对对外直接投资的影响，UNCTAD（1998）对影响 FDI 的区位因素进行了分类，大体分为三类："FDI 和贸易运行框架"，包括进入和运行条件、待遇标准、规则的稳定性和透明性；"经济因素"，包括原材料的可获得性和成本、劳动力成本和当地雇员的技能、基础设施、运输成本和集聚效应；"企业运行的便利性",包括鼓励和优惠政策、仲裁成本、腐败等。其中,"FDI 和贸易运行框架"和"企业运行的便利性"涉及投资东道国的制度特征。

而后,鲁明泓(1999)将 FDI 的制度因素拓展到四类:"国际经济制度安排",包括东道国参与的经济一体化组织、签署的双边投资保护条约、贸易壁垒以及对外资的态度等;"经济制度",东道国市场发育程度、金融外汇制度以及经济自由程度等;"法律制度",主要包括东道国私有财产的保护程度、法律完善程度等;"企业运行的便利性",包括企业运行障碍、政府清廉程度、税收制度等,用于制度因素比经济因素或硬环境更加影响 FDI 流入。江心英(2004)利用比较经济学提出的 ESP 范式分析对外直接投资区位选择因素中制度因素的约束作用。东道国 ESP 范式主要包括经济环境(Environment)、体制(System)以及政策(Policies),其中经济环境主要指人力资源、技术资源、自然资源、经济发展阶段、文化与历史背景;体制主要是指企业的制度是自由制度、计划制度、混合体制还是与其他国家联盟;政策主要指宏观政策、微观政策、一般政策以及国际直接投资政策,其中宏观政策包括财政、货币与汇制,微观政策包括产业、贸易与竞争,一般政策包括教育以及消费者保护政策。ESP 范式包含的三个因素经济环境、体制和政策都是相互影响和制约的关系。

在此基础上,Garrido 等(2014)在正式和非正式制度分类(North,1990)的基础上,将正式制度分为法律、法规、知识产权以及经济政治市场规则(Dunning,Lundan,2008;Meyer et al.,2009),非正式制度包括传统、宗教、语言、习惯、价值以及建立在信任基础上的关系。Estrin 等(2009)认为在正式制度发展水平较低的环境下,企业对外直接投资的方式倾向于选择合资的方式,企业选择绿地投资或者合并的方式与母国和东道国的制度差距呈倒 U 型曲线。此外,制度因素比经济因素能更好地解释对外直接投资的区位选择,跨国公司倾向于进入与母国制度距离较小的东道国市场(Quer et al.,2012;Flores,Aguilera,2007),在较低的制度发展水平下,来自发展中国家的跨国公司比来自于发达国家的跨国公司更具优势(Ma et al.,2013)。

4.2.3 制度质量对中国OFDI区位选择影响假设

国际直接投资是一种具有沉没成本的跨国经济活动,政治、经济和法律制度环境较好的东道国可以减少投资母国与东道国的制度摩擦,降低交易成本,获取更多的利润,制度环境处于劣势的东道国则可能增加母国投资的投资成本和风险。因此,为增加投资的成功率,母国对外直接投资偏好于投向制度优越的东道国(Zhang et al.,2011;Wang et al.,2012)。然而,也有学者认为中国在制度环境较弱的东道国投资更具有优势,不透明的制度环境投资有利于运用"非市场行为"进行寻租(Yeung,Liu,2008)。与单一的和笼统的制度变量考察方法不同,本章主要从政治制度、经济制度及法律制度三个维度来考察制度质量,同时将中国对外直接投资的动机区分为技术寻求型、市场寻求型以及资源寻求型三大投资动机,对政治、经济、法律制度在不同投资动机下的中国OFDI区位选择的影响提出假设。

(1)政治制度。

假设1:政治制度质量是母国在东道国投资区位选择的"晴雨表"。

东道国的政治制度直接反映了国家的政权稳定性和安全度,完备的政治制度对母国的OFDI区位选择至关重要,直接关系到母国对外直接投资的决策和对外直接投资的成败。东道国健全的政治制度能给投资者提供一个良好的投资环境,反之会制约母国的投资活动。具体而言,东道国的政局稳定性是决定和衡量母国OFDI区位选择的决定性因素,也是东道国政治环境优劣的实质性指标。尤其对于中国面向发展中国家的对外直接投资,政治稳定性是重要的风险因素(邓明,2012)。政府效率、腐败控制以及政府清廉度都会直接影响投资主体的投资效率和市场交易成本,效率低下和腐败程度较高的政府组织会增加母国和东道国的投资摩擦。通常认为,母国对外直接投资区位倾向于选择政治制度优越的东道国。然而,腐败程度高的东道国也给投资国提供了"非市场行为"的寻租机会,在一定条件下可以扩张母国在东道国的对外直接投资行为。因此,对东道国政治稳定性和对外直接投资政策持续性的预先了解是母国进行对外直接投资的先决条件。

（2）经济制度。

假设2：经济制度质量是母国在东道国投资区位选择的"润滑剂"。

经济制度是一个国家实现社会经济目标所借助的有力工具和手段，是国民经济运行的管理形式。东道国经济制度不仅关系到资本、劳动力及技术等生产要素的流动形式和配置效率，保障供应渠道的流畅和市场规模的扩大，也关系到母国与东道国投资持续性利润的获得。财政自由度、政府自由度、商业自由度、劳动自由度、货币自由度、贸易自由度、投资自由度以及金融自由度等通常是考察东道国经济制度质量的重要指标。有学者认为东道国与投资国经济体制越相近（Habib，Zurawick，2002；蒋冠宏，蒋殿春，2012），更加有利于投资国的OFDI区位选择，如与中国相近的具有完善的市场经济制度和较少的政府干预的东道国是中国OFDI区位选择考虑的重要因素。然而，也有学者认为中国OFDI区位选择倾向于经济制度环境完善度和自由度较高的发达经济体。相较于政治制度和法律制度，东道国经济制度质量对母国OFDI区位选择具有更加明显的影响（阎大颖，2013）。毫无疑问，经济制度是投资国在东道国OFDI区位选择的重要约束条件。

（3）法律制度。

假设3：法律制度质量是母国在东道国投资区位选择的"调节器"。

法律制度是调节国际直接投资关系、保障国际投资者利益、处理国际投资争端的重要工具。法律的完整性、公正性以及稳定性是国际直接投资中投资国考察东道国法律环境的重要因素。学者认为，寻求法律制度完善的东道国进行OFDI区位选择是中国对外直接投资的重要动机之一（谢孟军，郭艳茹，2013）。在国际直接投资过程中，外国投资者难免会与东道国企业、政府组织或者对外直接投资委员会等协调机构发生争议，良好且具有持续性的法律制度和法制规则能够减少母国对外直接投资过程中的投资风险，维护良好的投资秩序，强化母国的投资意愿以及稳定投资者的投资信心。同时，产权保护制度能够保障投资者在东道国的投资利益，从而鼓励母国在东道国进行长期持续性的投资行为，保持良好的投资关系。因此，完善的法制规则能够保护投资者的利益，吸引更多的外资流入（La Porta et al.，1998；Le，Zak，2006）。然后，对于寻求先进技术和自然资源类型的对外直接投资,严格的法律规则会限制投资国的对外直接投资行为,影响中国对外直接投资的区位选择。总而言之,法律制度指标是评价东道国法律环境的重要指标,是投资过程中解决争端的重要法律工具。

综上所述,政治、经济、法律制度质量对中国OFDI区位选择的影响是正向或负向的与对外直接投资的投资动机密切相关。

如表4-4所示,整体上看,政治制度质量是中国OFDI区位选择的前提条件,政治稳定性关系到投资国对外直接投资的成败,直接影响投资者投资规模扩张的决策和投资利益的获取。政治制度质量不论是对于技术寻求型、市场寻求型还是资源寻求型投资动机下的对外直接投资的影响都是正向的。但是,某些政治制度质量指标也增加了制度质量影响OFDI区位选择的不确定性,如腐败控制较低的东道国就为以获取技术和自然资源为目的的OFDI区位选择提供了利用"非市场行为"寻租的机会。经济制度质量对技术寻求型、市场寻求型以及资源寻求型OFDI区位选择的影响都是正向的,投资国的OFDI区位选择倾向于经济制度质量与母国"接近"的国家。对于法律制度,宽松的法律规制能够为技术和资源寻求型OFDI区位选择提供更多的获取技术和自然资源的机会,而市场寻求型OFDI区位选择需要通过严格的法律制度去保障投资者的长远利益,以避免增加市场进入成本。

表4-4　制度质量对不同投资动机下OFDI区位选择的影响假设

	政治制度	经济制度	法律制度
技术寻求型OFDI	+/-	+	-
市场寻求型OFDI	+	+	+
资源寻求型OFDI	+/-	+	1

4.3 制度质量、投资动机与中国OFDI区位选择实证[1]

4.3.1 Heckman两阶段选择模型的引入

根据《中国对外直接投资统计公报》显示,中国OFDI在部分东道国是不连续的,即在某些年份OFDI为负值,甚至不存在。2003—2012年,OFDI不连续的东道国共有129个,占东道国总数的73.7%。即使将OFDI的负值也考虑为存在OFDI行为,这样的东道国也有104个,占比仍高达59.4%。以往的文献在分析中国OFDI的区位选择时多将此类东道国排除,然而这样的处理,势必会引起样本的自选择问题[2]。因为中国出现非连续的OFDI行为并非偶然现象,而是考虑东道国经济和制度环境变化而做出的投资行为,如果排除这些东道国,就会得到非随机样本而产生样本选择问题,从而导致估计结果有偏。参照蒋冠宏、蒋殿春(2012)的做法,本章采用Heckman(1979)构造的两阶段选择模型来解决该样本选择问题。具体地,将中国OFDI区位选择的投资决策分为投资选择和投资规模两个阶段进行考察。第一阶段构建Probit投资选择模型,分析中国OFDI投资选择区位分布的影响因素。第二阶段构建修正的投资规模模型,分析影响中国OFDI投资规模区位分布的因素。具体模型如下:

$$P\left(ofdi^* = 1 | Z\right) = \Phi\left(Z\beta + u_1\right) \tag{4-1}$$

$$ofdiflow = Xa + u_2 \tag{4-2}$$

其中,$u_1 \sim N\left(0, 1\right)$,$z_2 \sim N\left(0, \sigma\right)$,$\mathrm{corr}\left(u_1, u_2\right) = \rho$。当$\rho \neq 0$时,样本存在自选择问题,直接用OLS估计投资规模模型会引起偏误,此时使用Heckman两阶段选择模型可以得到一致有效的估计值。本章采用最大似然估计法(MLE)估计Heckman两阶段选择模型,并使用稳健标准差。于是,在检验样本是否存在自选择问题时,本章将采用Wald检验。

方程(4-1)为Heckman两阶段选择模型的第一阶段投资选择模型。其中,

---

[1] 本章节的部分内容已发表于《财经研究》,可参见王恕立、向姣姣(2015)。

[2] 根据《中国对外直接投资统计公报》关于对外直接投资净额(即OFDI流量)的定义,OFDI行为存在与否实际上很难判断,这一点将在后文详细讨论。

ofdi* 表示中国是否对东道国进行投资，属于虚拟变量，Z 代表影响中国 OFDI 投资选择区位分布的因素，主要包括宏观经济因素、地理因素、关税因素、政治制度环境、经济制度环境和法律制度环境等六大方面。方程（4-2）为 Heckman 两阶段选择模型的第二阶段修正的投资规模模型。其中，ofdiflow 表示中国对东道国实际 OFDI 流量，*X* 代表影响中国 OFDI 投资规模区位分布的因素，这里主要基于国际直接投资的引力模型（Anderson，1979）来选取影响因素，除了包括投资选择模型中的六大影响因素外，还包括中国 GDP，并引入年度虚拟变量以控制投资规模的逐年自然增长。关于这两个模型影响因素的选择问题，后文将展开更具体的分析解释。

4.3.2　样本选取说明

鉴于中国 OFDI 面向国家和地区细分指标数据的可获得性，本章选取 2003—2012 年作为研究样本的考察期。根据《2012 年度中国对外直接投资统计公报》的数据显示，中国共面向 175 个国家和地区进行 OFDI，包括 28 个发达经济体、66 个新兴经济体与发展中国家、81 个资源丰裕类国家。根据研究需要，考虑到中国 OFDI 区位分布数据的可获得性和代表性，本章通过各个解释变量的缺失程度来选取研究样本，合计排除 33 个有 60.0% 及以上年份数据缺失的东道国❶，如 OFDI 流量较大的无税避税港英属维尔京群岛。于是，选取的样本容量最终确定为 2003—2012 年中国对 142 个样本国家和地区的 OFDI 流量。

技术寻求型、市场寻求型以及资源寻求型投资动机下对应的国家和地区分类如表 4-5 所示，考虑到中国 OFDI 区位分布受到母国投资动机和东道国宏观环境的双重影响，参照王恕立、向姣姣（2014a）的做法，根据联合国人类发展指标（Human Development Index，HDI）将 142 个样本国家和地区根据投资动机的差异分为三类进行考察，包括 26 个发达经济体、50 个新兴经济体与发展中国家以及 66 个资源丰裕类国家，各类投资动机对应的国家和地区如表 4-5 所示。

---

❶排除的 33 个样本国家和地区有：朝鲜、开曼群岛、库克群岛、缅甸、中国台湾地区、英属维尔京群岛、南苏丹、阿富汗、安提瓜和巴布达、巴巴亚新几内亚、巴勒斯坦、百慕大群岛、东帝汶、多米尼克、厄立特里亚、刚果（金）、格林纳达、科摩罗、利比里亚、列支敦士登、马绍尔群岛、密克罗尼西亚联邦、帕劳、萨摩亚、塞舌尔、圣多美和普林西比、圣文森特和格林纳丁斯、苏丹、瓦努阿图、文莱、伊拉克、中国澳门、塞尔维亚。

表 4-5　基于投资动机下选取的样本国家和地区分类

划分类别	样本国家和地区
发达经济体	爱尔兰、奥地利、巴巴多斯、比利时、冰岛、丹麦、德国、法国、芬兰、荷兰、捷克、拉脱维亚、卢森堡、马耳他、美国、挪威、葡萄牙、日本、瑞典、瑞士、斯洛伐克、西班牙、希腊、新西兰、意大利、英国
新兴经济体与发展中国家和地区	阿尔巴尼亚、埃及、埃塞俄比亚、巴哈马、巴基斯坦、巴拉圭、巴拿马、白俄罗斯、保加利亚、贝宁、布隆迪、多哥、菲律宾、佛得角、冈比亚、格鲁吉亚、古巴、韩国、吉布提、柬埔寨、科特迪瓦、莱索托、老挝、黎巴嫩、立陶宛、卢旺达、罗马尼亚、马拉维、马来西亚、马里、毛里求斯、秘鲁、莫桑比克、墨西哥、塞浦路斯、塔吉克斯坦、泰国、坦桑尼亚、突尼斯、乌干达、新加坡、也门共和国、以色列、印度、印度尼西亚、约旦、越南、乍得、中国香港、斐济
资源丰裕类国家	阿尔及利亚、阿根廷、阿拉伯联合酋长国、阿曼、阿塞拜疆、安哥拉、澳大利亚、巴林、巴西、玻利维亚、波兰、波斯尼亚和黑塞哥维那、博茨瓦纳、伯利兹、赤道几内亚、多米尼加共和国、俄罗斯联邦、厄瓜多尔、刚果(布)、哥伦比亚、哥斯达黎加、圭亚那、哈萨克斯坦、洪都拉斯、吉尔吉斯斯坦、几内亚、加拿大、加纳、加蓬、津巴布韦、喀麦隆、卡塔尔、科威特、克罗地亚、肯尼亚、利比亚、马达加斯加、马其顿、毛里塔尼亚、蒙古、孟加拉国、摩洛哥、纳米比亚、南非、尼泊尔、尼日尔、尼日利亚、塞拉利昂、塞内加尔、沙特阿拉伯、斯里兰卡、苏里南、特立尼达和多巴哥、土耳其、土库曼斯坦、委内瑞拉、乌克兰、乌拉圭、乌兹别克斯坦、匈牙利、叙利亚、牙买加、伊朗、赞比亚、智利、中非

注：分类标准参考《中国对外直接投资统计公报》中主要国家对外直接投资行业分类以及联合国人类发展指标。

为了证明所选取的样本具有代表性，表 4-6 分析了中国 OFDI 区位选择影响因素实证研究中选取的样本国家和地区代表性情况。根据样本的代表性统计发现，在所选取的 142 个东道国和地区样本中，26 个发达经济体个数占发达经济体总个数的比重是92.9%,50个新兴经济体与发展中国家的比重占新兴经济体与发展中国家总个数的比重是75.8%,66个资源丰裕国和地区占资源丰裕类国家和地区总个数的比重是81.5%,选取的样本总数142个国家和地区占总个数的81.1%。2003—2012年,选取的发达经济体、新兴经济体与发展中国家和地区、资源丰裕类国家和地区的OFDI流量占到当年总流量的平均数为99.4%、79.5%和91.4%。因此,可以论证样本选取具有代表性。

表4-6　中国OFDI区位选择影响因素选取样本代表性统计

国家和地区类型	国家和地区个数	个数占比	OFDI流量占比		
			2003年	2012年	各年平均
发达经济体	26	92.86	100.00	99.62	99.42
新兴经济体与发展中国家和地区	50	75.76	58.00	94.73	79.53
资源丰裕类国家和地区	66	81.48	98.82	90.67	91.37
所有国家和地区	142	81.14	63.01	94.60	82.77

注:国家和地区分类标准参考《中国对外直接投资统计公报》中主要国家对外直接投资行业分类以及联合国人类发展指标,具体数据根据《中国对外直接投资统计公报》整理计算。

4.3.3　变量说明及数据来源

关于OFDI区位选择影响因素的分类,笔者根据研究需要,从东道国宏观经济因素、政治、经济及法律制度四个维度考察,并引入了两类虚拟变量即地理和关税因素。关于被解释变量,使用2003—2012年中国对142个国家和地区非金融类OFDI流量,数据来源于《2012年度中国对外直接投资统计公报》,根据当年美元兑换人民币的汇率转换成人民币计价,并使用以2003年为基期的固定资产投资价格指数进行价格平减。关于制度环境,笔者分别从政治、经济及法律制度三个方面进行度量,政治制度环境包括政治民主度、政权稳定性、政府效率、监管质量、腐败控制和政府清廉度6个指标;经济制度环境包括财政自由度、政府支出度、商业自由度、劳动自由度、货币自由度、贸易自由度、投资自由度和金融自由度 8 个指标;法律制度环境包括法制规则和产权保护度 2 个指标。其中,政治民主度、政权稳定性、政府效率、监管质量、腐败控制和法治规则等指标数据来源于世界银行的全球治理指标,取值范围为[-2.5,2.5],数值越高代表制度质量越高。其他制度变量数据来源于全球遗产基金会(The Heritage Foundation),取值范围为[0,100],同样数值越高代表制度质量越高。为了统一各类制度环境指标的取值范围,这里将来源于世界银行全球治理指标的 6 个制度环境指标的取值范围变换为[0,100]。

为了控制其他因素对中国 OFDI 区位选择的影响,综合以往的研究,笔者加入了以下控制变量:

(1)东道国宏观经济因素,通过东道国 GDP(gdp)、东道国人均 GDP(gdpp)以及东道国 GDP 增长率(gdpr)来反映,依次代表东道国的市场规模、市场机会及市场潜能等宏观经济发展水平(宗芳宇等,2012),数据来源于世界银行数据库。其中,GDP 数据根据当年的美元兑换人民币的汇率转换成人民币计价,并使用以 2003 年为基期的 CPI 进行价格平减。

(2)地理因素,通过是否领土(排除领海)接壤或者领海接壤来反映,数据来源于世界地图。主要将集聚效应引入 OFDI 区位选择分析机制中,新经济地理学认为地理聚集会促进对外直接投资的规模扩张(Gary et al.,2012)。

(3)关税因素,若东道国的税收低,则开展对外直接投资的成本就比本国生产的成本低,母国就会选择迁移其总部来逃避本国的高税收(Gordon,Hines,2002)。本章通过是否为避税港来反映,本章考察的东道国和地区包括 1 个无税避税港(巴哈马)和 13 个低税避税港(中国香港、巴林、巴巴多斯、塞浦路斯、以色列、牙买加、黎巴嫩、摩洛哥、新加坡、瑞士、哥斯达黎加、马来西亚、巴拿马)。

考虑到个别解释变量存在数据缺失的情况,根据分析需要采用线性插值的方法对个别缺失的数据进行了填补。于是,本章所用变量的简单统计概述如表 4-7 所示。

表4-7 中国OFDI区位选择影响因素选取变量的描述性统计

变量类型	变量	观察数	平均值	标准差	最小值	最大值
被解释变量	OFDI流量（ofdiflow），单位亿元	1131	16.53671	143.8955	−39.2125	2408.864
宏观经济因素	中国GDP（gdpc），单位亿元	1420	254242.8	85045.81	135822.2	393052
	东道国GDP（gdp），单位亿元	1420	22697.18	84659.35	40.31219	1029021
	东道国人均GDP（gdpp），单位元/人	1420	81591.07	114319.5	894.0365	7226179
	东道国GDP增长率（gdpr），单位%	1420	6.281833	13.24894	−57.98207	124.7628
地理因素	是否领土接壤（territory）	1420	0.070423	0.255948	0	1
	是否领海接壤（territorysea）	1420	0.042254	0.201238	0	1
关税因素	是否是避税港（taxhaven）	1420	0.098592	0.298218	0	1
政治制度环境	政治民主度（va）	1420	99.71809	2.596804	59.47867	100
	政权稳定性（pv）	1420	47.93203	18.48845	0	83.28363
	政府效率（ge）	1420	51.38715	19.81809	15.55506	89.59303
	监管质量（rq）	1420	51.42302	19.23793	5.794868	89.92588
	腐败控制（cc）	1420	50.23547	20.76283	15.8857	100
	政府清廉度（fc）	1420	41.53803	22.69454	4	99

变量类型	变量	观察数	平均值	标准差	最小值	最大值
经济制度环境	财政自由度(fsf)	1420	74.33324	13.35267	29.8	99.9
	政府支出度(gs)	1420	65.66239	22.3287	0	99.3
	商业自由度(bf)	1420	64.53049	16.42287	10	100
	劳动自由度(lf)	1420	61.33338	16.31033	20	100
	货币自由度(mf)	1420	75.38275	1062547	0	94.3
	贸易自由度(tf)	1420	70.90296	13.81001	0	95
	投资自由度(ivf)	1420	51.7007	20.32016	0	95
	金融自由度(fnf)	1420	52.33803	19.74177	10	90
法律制度环境	法制规则(rl)	1420	49.69362	19.99284	13.16346	89.99281
	产权保护度(pr)	1420	46.92254	24.28544	0	95

4.4　实证结果分析与解释

4.4.1　基础回归结果

当前对外直接投资净额(简称流量)定义为报告期境外企业新增股本加上当期利润再投资,加上对境内投资者的新增负债(指当期境内投资者对境外企业提供贷款),减去当期境外企业对境内投资者的反向投资。当OFDI流量出现负值时,OFDI行为发生与否很难判断。在本章选取的研究样本中,OFDI流量共有80个负值。如果认为其没有OFDI行为(蒋冠宏、蒋殿春,2012),这样难免会有偏差,因为负值也可能是因为境外企业对境内投资者的反向投资较大引起的,而且仅对存在负值的OFDI这么处理,还会造成样本的"不平等"对待,那些OFDI流量为正值的,也很可能获得了可观的境外企业对境内投资者的反向投资。如果认为其有OFDI行为,也会存在偏差,因为也可能确实没有发生OFDI行为,取值即为境外企业对境内投资者的反向投资。为了保证模型结果的稳健性,如表4-7所示,本章将报告三种情景的结果,即OFDI流量负值为正常投资行为(情景1),OFDI流量负值为零投资(情景2),OFDI流量负值为没有投资行为(情景3)。其中,OFDI流量负值为零投资,是介于其他两种情景下的折中情景,它承认有OFDI行为倾向,但投资为0。

根据表4-8可以看出,首先本章对母国GDP及东道国宏观经济变量进行了基础回归,三类情形的回归结果差异较小,gdpc(中国GDP)符号为正,说明中国OFDI与中国GDP呈正相关,即中国经济的总体发展规模会促使我国OFDI规模的扩张,这与传统的国际直接投资理论相一致。代表东道国市场规模的gdp(东道国GDP)对投资选择和投资规模的符号显著为正,说明东道国GDP规模越大,中国对该区域的OFDI的投资规模越多,这与罗伟、葛顺奇(2013)的研究一致,中国OFDI倾向于流入市场规模较大的东道国。代表东道国市场机会的gdpp(东道国人均GDP)对投资选择的系数为负,但对投资规模的系数为正,说明东道国人均GDP不是中国企业选择OFDI的正向原因,但东道国越高的人均GDP会促成更大的投资规模。这与程慧芳、阮翔(2004)的研究一致,OFDI流量与东道国市场机会呈正相关性。代表东道国市场潜力的gdpr(东道国GDP增长率)对中国OFDI投资选择和投资规模的影响都不显著,这与蒋冠宏、蒋殿春(2012)对发展中国家OFDI的研究结论一致,东道国市场潜力对中国OFDI区位选择的影响不明显。territory(是否领土接壤)对中国OFDI投资选择和投资规模都具有正向的显著影响,对投资规模的影响大于对投资选择的影响。territorysea(是否领海接壤)对中国OFDI投资选择具有正向的显著影响,对中国OFDI投资规模具有负向的显著影响。可见,中国OFDI投资选择倾向于领土接壤和领海接壤的东道国,领土接壤与中国OFDI投资规模呈正相关关系,这是因为对领土接壤的东道国投资可减少运输成本,而运输成本是"贸易平台型"OFDI需要考虑的关键因素,这也很好地解释了中国为何对越南、缅甸、哈萨克斯坦、俄罗斯联邦等领土接壤的东道国采取较大规模且连续的投资行为。但是,领海接壤与中国OFDI投资规模呈负相关关系,即中国偏好于选择对与中国领海接壤的国家和地区开展OFDI,但领海接壤并不意味着中国会扩大对这些国家和地区的投资规模。taxhaven(是否是避税港)与中国OFDI投资选择呈负相关关系,与中国OFDI投资规模呈正相关关系。这说明是否是避税港并不是中国决定是否选择对该国家或地区进行OFDI的正向原因,但是由于避税港具备税收优惠的优势,中国一旦选择在该国家和地区投资,那么其投资规模一般较大,很可能通过"绕道而行"投资的方式实现"返程投资"将资金从"避税港"转向国内(Sicular,1998;Salidjanova,2011;王永钦等,2014)。在本章所考虑的14个避税港中,中国仅对中国香港特区、新加坡以及马来西亚保持较大规模且连续的投资行为。

表4-8 中国OFDI区位选择影响因素的基础回归结果

	情景1		情景2		情景3	
	投资选择	投资规模	投资选择	投资规模	投资选择	投资规模
gdpc		0.000114		0.000116		0.000108
		(7.69e−05)		(7.68e−05)		(8.25e−05)
gdp	4.26e−05***	3.20e−05**	4.26e−05***	3.18e−05**	2.37e−05***	2.95e−05*
	(1.08e−05)	(1.57e−05)	(1.08e−05)	(1.56e−05)	(6.17e−06)	(1.60e−05)
gdpp	−1.50e−06***	6.86e−05***	−1.50e−06***	6.86e−05***	−8.76e−07**	7.07e−05***
	(4.77e−07)	(2.04e−05)	(4.77e−07)	(2.04e−05)	(4.13e−07)	(2.19e−05)
gdpr	−0.00442	0.000747	−0.00442	0.00293	−0.00306	−0.0209
	(0.00289)	(0.184)	(0.00289)	(0.184)	(0.00276)	(0.219)
territory	1.236***	11.51***	1.236***	11.38***	1.019***	11.50***
	(0.309)	(2.648)	(0.309)	(2.639)	(0.260)	(2.776)
territorysea	5.473***	−23.29**	5.478***	−22.67**	0.751**	−22.59**
	(0.145)	(10.75)	(0.145)	(10.72)	(0.374)	(10.93)
taxhaven	−0.323***	132.5***	−0.323***	132.4***	−0.248**	142.1***
	(0.124)	(49.12)	(0.124)	(49.11)	(0.119)	(52.57)
常数量	0.654***	−30.34*	0.654***	−30.60*	0.482***	−27.06*
	(0.0593)	(15.69)	(0.0593)	(15.69)	(0.0545)	(16.25)
样本量	1 420		1 420		1 420	

	情景1		情景2		情景3	
	投资选择	投资规模	投资选择	投资规模	投资选择	投资规模
卡方统计值	38.57***		38.74***		35.58***	
lambda	−3.684		−3.705		−2.550	
卡方检验（Wald检验）	5.696**		5.763**		4.472**	

注:小括号内为稳健标准差,*、**和***分别表示显著性水平为10%、5%和1%。

4.4.2 制度质量对中国OFDI区位选择的影响

根据基础回归的结果,选取情景2为例来说明各类制度环境变量的影响。在模型中逐一引入各个制度环境变量进行回归后结果如表4-9所示,宏观经济、地理以及关税因素变量的回归符号和显著性差别不大,具体结果在这里被省略。需要指出的是,引入制度环境变量后,有些回归结果并未显著拒绝Wald检验,但为了保持整体一致,同时捕捉投资选择偏好演变和投资规模扩张特征,均对其Heckman两阶段选择模型的回归结果进行分析。从政治制度看,va(政治民主度)对投资选择产生了负向效应,对投资规模产生了正向影响,但均不显著。pv(政权稳定性)、ge(政府效率)、rq(监管质量)、cc(腐败控制)以及fc(政府清廉度)对投资选择均产生了显著的负向影响,但对投资规模均产生了显著的正向影响,这说明中国偏好于选择对政治不稳定、效率越低、监管质量较差以及腐败控制较弱的国家和地区投资,但对这些国家和地区的投资规模一般较小,大规模的投资仍会选择制度环境优越的国家和地区,以规避投资风险带来的严重"惩罚"。从经济制度看,fsf(财政自由度)和lf(劳动自由度)对投资选择的正向影响不显著,但会显著且正向影响投资规模,说明东道国的财政自由度和劳动自由度不是吸引中国OFDI的必要条件,中国是否选择对该国家和地区投资还受到其他因素的影响。bf(商业自由度)、mf(货币自由度)、tf(贸易自由度)、ivf(投资自由度)以及fnf(金融自由度)对中国OFDI投资选择呈负向影响,但会正向影响中国OFDI的投资规模。gs(政府支出度)对投资选择和投资规模均具有显著的正向效应,这说明中国OFDI具有较强的政府支出度偏好,一旦选择对这类东道国投资,投资规模也较大。从法律制度看,rl(法制规则)和pr(产权保护度)对投资选择呈显著的负向影响,但会正向影响投资规模,这说明中国OFDI具有明显的法制规则和产权保护度偏好,东道国的法制规则和产权保护度不是决定中国OFDI的正向原因,但是会正向影响投资规模,这与传统的理论一致,完善的产权保护制度在一定程度上可以规范市场运行,减少投资成本和确保投资收益,投资者不需要去解决"规则障碍"问题,从而有利于母国在东道国的持续性投资。

表4-9 考虑各类制度环境变量的中国OFDI区位选择影响因素回归结果

政治制度环境			经济制度环境			法律制度环境		
变量	投资选择	投资规模	变量	投资选择	投资规模	变量	投资选择	投资规模
va#	−0.00427	0.0371	fsf#	0.00429	0.956***	rl	−0.0130***	0.703***
	(0.0144)	(0.174)		(0.00302)	(0.341)		(0.00318)	(0.272)
pv#	−0.00795***	0.445**	gs#	0.0106***	0.803***	pr	−0.00820***	0.812***
	(0.00280)	(0.182)		(0.00197)	(0.265)		(0.00234)	(0.296)
ge	−0.0146***	0.820***	bf	−0.00596**	0.737***			
	(0.00332)	(0.304)		(0.00292)	(0.270)			
rq	−0.0167***	1.040***	lf#	0.00213	0.714***			
	(0.00312)	(0.374)		(0.00241)	(0.255)			
cc	−0.00857***	1.108***	mf#	−0.0201***	0.423**			
	(0.00309)	(0.403)		(0.00566)	(0.201)			
fc	−0.00595*	1.017***	tf	−0.00109	1.158***			
	(0.00306)	(0.383)		(0.00325)	(0.445)			
			ivf	−0.0120***	0.732***			
				(0.00229)	(0.266)			
			fnf	−0.0119***	0.873***			
				(0.00244)	(0.310)			

注:小括号内为稳健标准差,*、**和***分别表示显著性水平为10%、5%和1%。#表示引入该制度环境变量后,回归结果在显著性水平5%下显著拒绝了Wald检验。

综合来看,除财政自由度、劳动自由度和政府支出度外,中国OFDI投资选择总体偏好于制度环境较差的国家和地区,但大规模的投资仍会倾向于制度环境有保障的国家和地区。这主要由于中国OFDI投资结构呈现以小规模投资为主且分布高度集聚的特征,根据本章不变价OFDI计算,2003—2012年中国OFDI向142个国家和地区平均投资16.5亿元,仅有11个国家和地区超过平均水平,其中中国香港高达1242.8亿元,远远高于排名第二的澳大利亚的66.3亿元。有高达92.3%的国家和地区不足平均水平,86.6%的国家和地区不及10.0亿元,甚至超过半数的51.4%的国家和地区不及1.0亿元。一般来说,小规模投资偏好不严格的制度环境以逃避制度带来的诸多壁垒,大规模投资偏好严格的制度环境以得到强有力的投资制度保障。于是,以小规模投资为主且分布高度集聚的投资结构决定了中国OFDI投资选择和投资规模会展现出两者截然不同的制度偏好和路径依赖。

4.4.3 不同投资动机的制度质量对中国OFDI区位选择的影响

东道国自然资源禀赋和经济发展的差异性决定了中国OFDI投资动机的多元化,本章将投资动机区分为技术寻求型、市场寻求型以及资源寻求型三大类。为了考察不同投资动机下制度环境变量对中国OFDI区位选择影响的差异性,接下来在基础回归模型中引入反映投资动机的虚拟变量,在模型中逐一引入各个制度环境变量与代表投资动机的虚拟变量的交互项。与上面引入制度环境变量不同,所有回归结果均显著拒绝了Wald检验,支持选择Heckman两阶段选择模型。此外,各个环境制度变量对OFDI的影响系数的显著性也得到了提高,详细的回归结果在这里被省略。本章对所有回归结果进行整理,计算出各投资动机下的制度环境变量对中国OFDI投资选择和投资规模的影响大小,结果如表4-10和表4-11所示。

表4-10反映了政治、经济和法律制度变量对技术、市场和资源三种投资动机下中国OFDI投资选择的影响,对于技术寻求型OFDI的投资选择,所有制度

变量均为负向影响,除va(政治民主度)外均显著。在政治制度指标中,rq(监管质量)和ge(政府效率)是影响技术寻求型OFDI最重要的负向变量,估计系数分别为-0.0217和-0.0178,这说明中国技术寻求型OFDI偏好于选择对政府管理能力较低国家和地区投资;经济制度对中国技术寻求型OFDI的影响都为负,mf(货币自由度)和ivf(投资自由度)是负向影响最强劲的两个变量;在法律制度指标中,rl(法制规则)相比于pr(产权保护度)对中国技术寻求型OFDI的负向影响更大。

表4-10　不同投资动机下制度环境变量对OFDI投资选择的影响

变量类型	变量	技术寻求型OFDI	市场寻求型OFDI		资源寻求型OFDI	
		估计系数①/影响大小	估计系数②	影响大小(①+②)	估计系数③	影响大小(①+③)
政治制度环境	va	−0.0120 (0.0143)	0.00938*** (0.00170)	−0.00262	0.0109*** (0.00163)	−0.0011
	pv	−0.0158*** (0.00320)	0.0110*** (0.00267)	−0.0048	0.0142*** (0.00249)	−0.0016
	ge	−0.0178*** (0.00351)	0.0108*** (0.00253)	−0.007	0.0121*** (0.00253)	−0.0057
	rq	−0.0217*** (0.00333)	0.0109*** (0.00246)	−0.0108	0.0111*** (0.00242)	−0.0106
	cc	−0.0131*** (0.00341)	0.0116*** (0.00253)	−0.0015	0.0129*** (0.00248)	−0.0002
	fc	−0.0119*** (0.00344)	0.0119*** (0.00283)	0	0.0138*** (0.00273)	0.0019

变量类型	变量	技术寻求型OFDI	市场寻求型OFDI		资源寻求型OFDI	
		估计系数①/影响大小	估计系数②	影响大小(①+②)	估计系数③	影响大小(①+③)
经济制度环境	fsf	−0.0139***(0.00433)	0.0124***(0.00235)	−0.0015	0.0145***(0.00229)	0.0006
	gs	−0.00348(0.00400)	0.0123***(0.00326)	0.00882	0.0139***(0.00323)	0.01042
	bf	−0.0108***(0.00317)	0.0102***(0.00221)	−0.0006	0.0122***(0.00214)	0.0014
	lf	−0.00685**(0.00309)	0.0102***(0.00233)	0.00335	0.0117***(0.00226)	0.00485
	mf	−0.0281***(0.00537)	0.0117***(0.00213)	−0.0164	0.0124***(0.00207)	−0.0157
	tf	−0.0110***(0.00358)	0.0120***(0.00214)	0.001	0.0136***(0.00204)	0.0026
	ivf	−0.0190***(0.00284)	0.0105***(0.00250)	−0.0085	0.0109***(0.00245)	−0.0081
	fnf	−0.0176***(0.00273)	0.00881***(0.00240)	−0.00879	0.00964***(0.00238)	−0.00796
法律制度环境	rl	−0.0165***(0.00337)	0.0110***(0.00257)	−0.0055	0.0126***(0.00251)	−0.0039
	pr	−0.0132***(0.00275)	0.00952***(0.00255)	−0.00368	0.0111***(0.00245)	−0.0021

注:小括号内为稳健标准差,*、**和***分别表示显著性水平为10%、5%和1%。

至于市场寻求型OFDI的投资选择,政治制度环境变量均呈现显著的负向影响,fc(政府清廉度)对市场寻求型OFDI的影响可以忽略。在政治制度指标中,rq(监管质量)的负向影响最大,估计系数为 − 0.0108;在经济制度指标中,gs(政治支出度)、lf(劳动自由度)和tf(贸易自由度)展现出强劲且显著的正向影响,说明中国市场寻求型OFDI偏好于选择政府支出度、劳动自由度和贸易自由度较高的国家投资,可以从良好的市场环境中受益,其他的经济制度指标均呈显著的负向影响,mf(货币自由度)的负向影响最大;在法律环境指标中,rl(法制规则)的负向效应较大。

接下来,观察资源寻求型OFDI的投资选择,政治制度环境变量中,除fc(政府清廉度)以外,其他变量均呈负向效应,说明中国资源寻求型OFDI倾向于选择政府清廉度较高的国家和地区投资以避开寻租性行为带来的额外成本。同时,由于资源禀赋的先天优势,中国会选择进入va(政治民主度)、pv(政权稳定性)、ge(政府效率)、rq(监管质量)以及cc(腐败控制)较低的国家和地区开展资源寻求型OFDI。从经验事实看,中国对巴基斯坦、伊朗等国家的资源寻求型OFDI证明了这一点,但东道国政权不稳定以及监管能力低下会影响母国投资的持续性,中国对澳大利亚、加拿大国家采矿业大规模且持续性的投资正是得益于政治制度的优越性;归纳经济制度指标,可以发现fsf(财政自由度)、gs(政治支出度)、bf(商业自由度)、lf(劳动自由度)、tf(贸易自由度)均呈现显著的正向影响,这表明中国资源寻求型OFDI的投资选择具有明显的经济环境要求,其余经济制度变量均呈显著的负向效应;在法律环境指标中,rl(法制规则)的负向效应较大。

表4-11反映了政治、经济和法律制度变量对技术、市场和资源三种投资动机下中国OFDI投资规模的影响,观察技术寻求型投资动机下的OFDI的投资规模可以发现,政治制度指标中,与投资选择的估计结果相反,ge(政府效率)、rq(监管质量)、cc(腐败控制)以及fc(政府清廉度)均与中国技术寻求型OFDI呈正向效应。va(政治民主度)和pv(政权稳定性)均呈负向效应,可以发现技术寻求型OFDI会有意回避政治民主度较高的东道国和地区,这是否说明中国倾向于选择与自己制度接近的国家开展投资,抑或是制度优越的国家本来就对中国OFDI制造了壁垒有待考察,但可以肯定其投资规模偏好政治民主度较低的国家和地区;经济制度变量中,gs(政治支出度)和tf(贸易自由度)分别对中国技术寻求型OFDI呈显著的负向和正向效应,其余经济制度变量均不显著;法律制度指标对技术寻求型OFDI的影响均不显著。

表4-11 不同投资动机下制度环境变量对OFDI投资规模的影响

变量类型	变量	技术寻求型OFDI	市场寻求型OFDI		资源寻求型OFDI	
		估计系数④/影响大小	估计系数⑤	影响大小（④+⑤）	估计系数⑥	影响大小（④+⑥）
政治制度环境	va	−0.787** (0.347)	0.722*** (0.225)	−0.065	0.468*** (0.135)	−0.319
	pv	−0.372*** (0.144)	1.573*** (0.500)	1.201	0.649*** (0.185)	0.277
	ge	0.202 (0.147)	1.578*** (0.502)	1.78	0.666*** (0.183)	0.868
	rq	0.314* (0.173)	1.598*** (0.506)	1.912	0.660*** (0.181)	0.974
	cc	0.427** (0.205)	1.720*** (0.549)	2.147	0.684*** (0.191)	1.111
	fc	0.314* (0.182)	2.200*** (0.710)	2.514	0.646*** (0.174)	0.96
经济制度环境	fsf	0.0370 (0.187)	0.964*** (0.298)	1.001	0.553*** (0.166)	0.59
	gs	−0.395* (0.205)	1.316*** (0.418)	0.921	0.930*** (0.291)	0.535
	bf	0.118 (0.143)	1.208*** (0.381)	1.326	0.611*** (0.169)	0.729
	lf	−0.157 (0.112)	1.185*** (0.366)	1.028	0.691*** (0.191)	0.534
	mf	−0.217 (0.135)	0.945*** (0.290)	0.728	0.578*** (0.163)	0.361
	tf	0.510* (0.279)	1.100*** (0.343)	1.61	0.588*** (0.167)	1.098
	ivf	−0.00109 (0.0929)	1.545*** (0.493)	1.54391	0.682*** (0.192)	0.68091
	fnf	0.0469 (0.109)	1.596*** (0.508)	1.6429	0.735*** (0.205)	0.7819

变量类型	变量	技术寻求型OFDI	市场寻求型OFDI		资源寻求型OFDI	
		估计系数④/ 影响大小	估计系数 ⑤	影响大小 (④+⑤)	估计系数 ⑥	影响大小 (④+⑥)
法律制度 环境	rl	0.0858 (0.128)	1.607*** (0.516)	1.6928	0.634*** (0.177)	0.7198
	pr	0.116 (0.114)	1.807*** (0.582)	1.923	0.610*** (0.167)	0.726

注:小括号内为稳健标准差,*、**和***分别表示显著性水平为10%、5%和1%。

观察制度变量对市场寻求型 OFDI 的投资规模的影响,可以发现除 va(政治民主度)外,所有制度变量均呈显著的正向影响。与投资选择相反,va(政治民主度)、pv(政权稳定性)、ge(政府效率)、rq(监管质量)、cc(腐败控制)以及 fc(政府清廉度)等政治制度指标均对中国 OFDI 投资规模产生显著的正向影响,即东道国政治制度不健全,不是中国是否进入市场的正向原因,但是稳定的政权、良好的政府效率、监管质量和腐败控制有利于中国市场寻求型 OFDI 投资规模的拓展,这与传统预期相符,市场寻求型跨国公司倾向于对政府监管质量和腐败控制较好的东道国扩张投资规模(蒋冠宏、蒋殿春,2012),扩大对政府效率、监管质量以及腐败控制较好的东道国的投资可以减少"非市场行为"建立"关系网络"带来的道德和经济成本(Shafter, et al.,2007);经济制度指标中,fnf(金融自由度)、tf(贸易自由度)和 ivf(投资自由度)依次呈显著的正向效应;法律制度变量 pr(产权保护度)和 rl(法制规则)对中国市场寻求型 OFDI 的投资规模呈正向影响,即稳定的政治环境、经济秩序及法制环境对中国市场寻求型 OFDI 的投资规模具有推动作用(谢孟军、郭艳茹,2013)。

最后,观察制度变量影响资源寻求型 OFDI 的投资规模,可以发现,除 va(政治民主度)对资源寻求型 OFDI 呈显著的负向影响外,其余变量均呈显著的正向效应。政治制度变量中,cc(腐败控制)的正向影响最大,为1.111,其次是rq(监管质量),为0.974,pv(政权稳定性)的正向效应表现较弱,仅为0.277,这说明随着中国国有企业的市场化改革,以利润和股东权益最大化的企业在进行资源寻求型OFDI规模扩张时会有意规避政治制度风险;经济制度指标中,tf(贸易自由度)的正向效应最大,系数为1.098,经验分析表明,中国自然资源需求上升增加了资源寻求型OFDI的投资规模,而投资的"反向进口"效应和宽松的贸易环境有利于满足"世界工厂"对资源的高额需求,因此自由的经济制度有利于中国资源寻求型OFDI扩大规模。fnf(金融自由度)的正向影响次之,mf(货币自由度)的影响较弱,仅为0.361;pr(产权保护度)比rl(法制规则)的正向影响大。

综合来看,受以小规模投资为主且分布高度集聚的投资结构影响,技术、市场和资源三种投资动机下的中国OFDI,除对政治民主度外,基本表现为投资选择偏好不严格的制度环境,投资规模偏好严格的制度环境。由于发达经济体一般具备良好的制度环境,技术寻求型OFDI投资规模对优越制度质量的依赖较弱,甚至偏好于政治民主度、政权稳定性和政治支出度等制度环境较差的国家和地区。对于市场寻求型和资源寻求型OFDI而言,良好的政权稳定性、政府效率、监管质量和腐败控制等制度环境是影响其投资行为最为关键的制度因素,虽然不是影响其投资选择的前提条件,但对其投资规模有着强劲的正向作用。

4.5　中国OFDI区位选择影响因素的实证研究结论

东道国制度质量如何影响中国OFDI区位选择,至今尚未在经验层面达成共识。本章基于2003—2012年中国面向全球142个国家和地区非金融类OFDI流量数据,利用Heckman两阶段选择模型和扩展投资引力模型,从母国投资动机和东道国制度质量的双重约束视角,全景式揭示中国OFDI的投资选择偏好演变和投资规模扩张特征。具体地说,将母国投资动机分为技术、市场和资源寻求三大类,将东道国制度质量细分为政治、经济和法律三大类,通过引入两大约束变量的交互项,考察政治、经济及法律制度质量对三种投资动机下中国 OFDI 投资选择和投资规模的影响,检验了中国对所选样本东道国投资选择和投资规模的分布特征,进一步考察了政治、经济及法律制度环境对技术寻求、市场寻求及资源寻求投资动机下 OFDI 的影响是否存在差异。通过经验分析主要得到以下两点结论。

(1)中国 OFDI 投资选择和投资规模展现出两者截然不同的制度偏好和路径依赖。整体来看,除财政自由度、劳动自由度和政府支出度外,投资选择偏好制度环境较差的国家和地区,但大规模投资仍发生在制度环境有保障的国家和地区。区分投资动机后,投资选择和投资规模对制度偏好差异仍存在,尤其发生在市场寻求型和资源寻求型 OFDI。究其原因,主要是中国 OFDI 投资结构呈现以小规模投资为主且分布高度集聚的特征。大量的小规模投资会使得投资选择整体偏好恶劣的制度环境,而极端的大规模投资又会使得投资规模整体偏好优越的制度环境。

(2)多元化的母国投资动机使中国 OFDI 区位选择面向不同国家和地区表现出差异化的制度偏好。受以小规模投资为主且分布高度集聚的投资结构影响,技术、市场和资源三种投资动机下的中国 OFDI 投资选择和投资规模,对大多数制度质量均保持了相同的偏好差异,但是具体而言,仍存在一些显著差异。技术寻求型 OFDI 投资规模对优越制度质量的依赖较弱,甚至会偏好政治民主度、政权稳定性和政治支出度等制度环境较差的国家和地区。良好的政权稳定性、政府效率、监管质量和腐败控制是影响市场寻求型和资源寻求型 OFDI 投资行为最为关键的制度因素,对其投资规模有着强劲的正向作用。

4.6　本章小结

本章首先分析了中国 OFDI 投资动机现状以及影响对外直接投资的区位选择的机理,其次分析了政治、经济、法律制度对中国 OFDI 区位选择的影响。在论述母国对外直接投资投资动机和东道国投资环境对中国 OFDI 区位选择影响的机理基础上,本章构建了关于母国投资动机、东道国制度环境及其他宏观经济因素对中国 OFDI 区位选择影响的研究框架。以 2003—2012 年中国对 142 个样本国家和地区的 OFDI 流量数据为样本,以东道国的政治制度、经济制度、法律制度以及宏观经济指标为主要解释变量,同时引入地理因素和关税因素虚拟变量,利用 Heckman 两阶段选择模型和投资引力模型,考察中国 OFDI 区位选择的投资选择和投资规模的影响因素,本章主要有以下五点发现:

(1)根据历年的《中国对外直接投资公报》数据统计,2003—2012 年间中国 OFDI 流量累计覆盖 175 个国家和地区,依据投资动机的划分、东道国的要素禀赋以及联合国人类发展指标将 175 个样本国家和地区分为面向 28 个发达经济体的技术寻求型 OFDI、面向 66 个新兴经济体与发展中国家的市场寻求型 OFDI 以及面向 81 个资源丰裕类国家的资源寻求型 OFDI。结论认为,中国对外直接投资的投资动机主要集中于市场寻求型投资动机,资源寻求型投资动机所占比重其次,技术寻求型投资动机的比重最少。

(2)本章对于 OFDI 区位选择的研究是从母国的研究视角出发,将其作为对外直接投资中资本、信息、技术等要素流动的一个外生变量,重点说明投资者即母国的投资行为特征,在此分析过程中,东道国作为国际直接投资区位选择中的另一主体是被动接受者的外生变量。对外直接投资动机是母国投资动机和东道国投资环境共同作用的投资决策。因此,中国 OFDI 区位选择是母国投资动机和东道国投资环境相匹配的结果,母国投资动机是对外直接投资中的无形推动力,东道国投资环境是对外直接投资中的投资引力。

（3）在中国OFDI区位选择影响机理分析基础上，经过实证分析发现，影响中国OFDI区位选择的投资"硬环境"指标中，东道国GDP和领土接壤都会正向并且显著地影响中国对外直接投资的区位选择，领海接壤只会正向影响中国OFDI区位选择的投资规模。至于学者关注的中国对外直接投资具有明显的避税动机倾向，我们发现，避税港并不是中国OFDI区位选择的正向原因，但是中国一旦选择对具有避税港属性的东道国投资，投资规模往往较大。

（4）在影响中国OFDI区位选择的投资"软环境"指标中，根据投资动机的分类回归中国OFDI区位选择的影响因素发现，不同投资动机下的制度质量对中国OFDI区位选择的影响差异显著，多元化的母国投资动机是促使东道国制度质量对中国OFDI区位选择的影响复杂化的重要原因。具体地说，制度质量对技术寻求型OFDI投资规模的影响较小，良好的政治、经济和法律制度，尤其是政权稳定性、政府效率、监管质量和腐败控制，虽然不是中国市场和资源寻求型OFDI进入的前提条件，但对其投资规模有着强劲的扩张作用。市场寻求型OFDI投资选择和投资规模偏好于具有稳定的政治环境、经济秩序及法制环境的东道国。

（5）据商务部统计，2014年中国非金融类OFDI流量达到1028.9亿美元，首次突破千万美元，同时双向投资首次接近平衡，但作为真正意义上中国第一代对外直接投资的一批力量，仍缺乏对政治、经济和法律三方面制度的风险认识，如2011年利比亚危机对中国OFDI的重创。随着中国资本输出时代的到来和国际投资环境的复杂演变，母国投资动机和东道国制度质量都会随之发生相应变化。目前，中国OFDI还偏好于制度环境较差的国家和地区，尤其是技术寻求型OFDI。中国OFDI投资结构在未来势必迎来调整，大规模投资将流向更多国家和地区，涉及行业将更多倾斜于非传统行业，民营、私营等中小企业也将纷纷踏上"走出去"道路。高度集聚的投资结构一旦打破，母国投资动机与东道国制度质量的合理匹配将显得更为重要。中国"走出去",一方面要明确自身的投资动机;另一方面要充分了解东道国的制度风险,合理匹配,优化投资,使"走出去"战略真正实现双赢发展。

第5章　中国OFDI区位选择的贸易效应

在全球经济一体化浪潮的发展背景下,各国试图通过开放型经济发展的模式实现在全球范围内的资源配置、组织生产以及建立营销网络等。全球范围内的国际直接投资和国际贸易得到了蓬勃发展,在国际贸易和投资理论的基础上也吸引了学者进行经验和实证研究的目光,尤其是在全球经济一体化的影响下,发展中国家经济异军突起,中国经济创造了世界瞩目的"中国奇迹"。本章主要在梳理贸易投资一体化理论和影响机制分析基础上,论证中国在"走出去"战略指导下OFDI区位选择对中国进出口贸易带来的效应,并提出相应的对策建议。

5.1　OFDI贸易效应的机理分析

5.1.1　国际直接投资与国际贸易的关系

国际贸易理论从古典贸易理论发展到新古典理论都是以宏观经济体为研究对象,从国家和区域角度出发,继而转向到企业和行业因素,以完全竞争与规模报酬不变为假设条件,以生产要素不能自由流动为理论前提。产业组织理论将市场不完全性和垄断优势引入国际贸易理论的分析框架中,为国际直接投资理论的发展奠定了基础(Hymer,1960)。传统的国际直接投资理论以垄断优势为开端,从企业的角度出发,以市场不完全为假设前提,强调的是微观企业行为和行业组织结构特征。因此,传统的国际贸易与传统的国际直接投资理论存在分歧。

国际分工的深化和全球经济一体化以及区域经济集团化的发展,加速了贸易和投资自由化的进程。与现实的世界经济发展背景相契合,国际贸易理论和国家投资理论也进入新的研究阶段,学者逐渐发现国际贸易和国际直接投资作为资源配置的重要方式,是企业国际化经营的选择问题,从微观层面解释企业选择出口还是对外直接投资成为"新新贸易理论"(New New Trade Theory)的研究方向(Bernard, et al., 2003;Melitz, 2003;Helpman, et al., 2004),企业选择出口还是对外直接投资开展国际化战略取决于企业生产率水平的高低,生产率水平高的企业选择出口,反之,生产率低的企业选择对外直接投资。在经济全球化快速发展的背景下,国际贸易和国际直接投资一体化的分析框架逐渐形成,促使国际贸易与国际投资理论走向融合。纵观国际贸易与国际直接投资理论的发展,国际贸易与国际直接投资理论的跨国公司理论主要有三条发展脉络。

(1)国际贸易理论中引入国际直接投资元素。传统的国际贸易理论从重商主义分离出来,主要分为自由贸易理论和保护贸易理论两大派别。在内容上主要分为微观国际贸易理论和宏观国际贸易理论,由于宏观国际贸易理论的发展尚未形成完整的体系,传统的国际贸易理论主要指微观的国际贸易理论,主要包括绝对利益论、比较利益论、机会成本论、相互需求论、要素禀赋论和里昂惕夫之谜。第二次世界大战以后,随着科技革命带来的技术进步和生产力的革新,国际政治经济趋于稳定,国际贸易规模、商品结构以及区位分布都在经历变革,国际贸易的形式也由产业间分工、产业内分工向产品内分工过渡。传统的国际贸易理论已经很难解释国际贸易中的新问题,因此出现了国际贸易新理论,包括可获得性说、熟练劳动力说、人力资本说、研究开发要素说、规模报酬递减说、技术差距论、产品生命周期说、偏好相似说、原料周期说、产业内贸易理论以及国家竞争优势说。20世纪40年代以后,随着第二次世界大战后经济发展的需要,世界范围内的国际直接投资也得到快速发展。20世纪 80 年代以后,纵向和横向的一体化国际直接投资理论被纳入国际贸易理论的分析框架中,纵向的贸易投资一体化理论又称为垂直型贸易投资一体化模型,主要将产品的生产过程细分为总部服务、中间产品以及最终展品三个在地理区位上相互分离的生产阶段,跨国公司作为国际投资的主体,在国际贸易和投资中发挥着重要的作用(张二震,方勇,2004)。横向的贸易投资一体化,又称为水平型贸易投资一体化模型,是指跨国公司在发展规模经济时,考虑运输成本和其他因素的影响,最后根据成本最小化的原则进行最优的区位选择。在横向和纵向贸易投资一体化的影响下,跨国公司的对外直接投资和国际贸易联系更加频繁。

(2)国际直接投资理论与国际贸易理论元素的融合。传统的国际贸易理论中,生产要素主要指劳动、资本、土地及其衍生品,生产要素的跨国流动受到限制,只能以次优的产品流动代替,以实现国家之间的要素均衡。国际直接投资理论的出现改变了这一思想,随着交通、金融工具的创新以及外部环境的改善,生产要素的流动和商品流动一样普遍,20 世纪 80 年代以后,以资本要素跨国流动来整和利用其他要素的"一揽子经营要素"的转移逐渐成为国际间要素流动的基本方式(张为付,吴进红,2004)。弗农(Vernon,1966)的国际产品生命周期理论较早把国际贸易思想融入国际直接投资领域中,产品生命周期说最初是作为一种国际贸易理论被提出,而后推广到国际直接投资领域。巴克莱和卡森(Buckley,Casson,1976)提出,由鲁格曼(Rugman,1981)进一步发展的内部化理论从交易成本的角度将国际贸易和国际直接投资结合,解释了跨国公司将研发、生产和销售渠道遍布全球从而实现国际化经营的原因。邓宁(Dunning,1977)的国际生产折衷理论在前有理论的基础上,将内部化理论、区位优势以及所有权优势相结合,建立了统一的分析框架,以解释跨国公司的出口、对外直接投资以及技术转让活动。

(3)国际贸易与国际直接投资从替代关系、互补关系到权变关系的发展。传统的国际贸易和国际直接投资理论认为,国际贸易和国际直接投资是相互背离的,最有代表性的观点是蒙代尔(Mundell,1957)较早建立的国际贸易与国际直接投资相互替代模型,其假设条件建立在两个国家、两种产品以及两种生产要素的国际贸易模型基础上,具体分为三个方面:①A国资本要素禀赋丰裕国,B国是劳动力要素禀赋丰裕国;②在国际贸易过程中,两国依据比较优势的原则生产产品。A国将生产资本密集型产品X,B国将生产劳动密集型产品Y。③A国和B国在相同的生产函数条件下。第一种模型假设认为,两个国家间不存在贸易壁垒,但是生产要素在两国间是不能够流动的。在这种情况下,两国要素的相对差异和国际分工使两国间的国际贸易成为可能。此时,A国就会生产并出口产品X,进口产品Y,B国就会生产并出口产品Y,进口产品X。国际贸易最终使A国和B国的要素实现价格均等。另一种模型假设认为,两个国家间存在关税壁垒等贸易障碍。B国从A国进口的产品X就需要征收关税,这样B国进口的X的产品价格就会上涨,那么B国生产产品X比起初生产Y更能盈利,B国生产产品X的生产规模会进一步扩大,资源也得到重新配置,即资本和劳动生产要素由B国流向A国。综上分析结果,蒙代尔的国际贸易与国际投资替代模型认为资本流动的结果是取代了国际贸易,目的在于绕过关税壁垒。在存在国际贸易壁垒的情况下,如果国际直接投资的企业始终按特定的轨迹展开国际直接投资,国际直接投资就能够在一定条件下实现对国际贸易的完全替代。

随着国际分工的发展,当代国际分工的重要特点就是以要素分工为基础,资本流动和以中间品为主要形式的商品流动联系增强,国际贸易和国家投资逐渐形成了互为因果和一体化的关系,具有互补性的特征,即国际直接投资具有明显的贸易创造效应(Helpman,1984;Helpman,Krugman,1985)。20世纪80年代,完全竞争被引入一般均衡框架分析跨国公司的问题,在各国要素禀赋存在差异和规模报酬递增的条件下,假设不存在关税和运输成本,跨国公司的管理经验、专利和商标的交易如果通过内部贸易的方式交易可以减少交易成本,同时也会促进母国贸易的发展。

国际直接投资的替代和互补效应一直是学者争论的问题,进一步地,学者认为国际直接投资与国际贸易之间是权变的关系(Markusen,Svensson,1985)。这种权变关系与投资国的国际化程度、贸易与非贸易要素之间的关系、对外直接投资的动机和类型、投资方式、投资周期、投资行业、投资国别以及投资产品密切相关(陈立敏,2010)。

5.1.2 OFDI 的贸易效应影响机制：创造效应或替代效应 [1]

截至 2014 年,中国已成为世界第二大吸引外资的目的地,世界第三大对外直接投资国,中国国际化经营模式逐渐从传统的出口贸易为主阶段过渡到出口贸易、吸收外资和对外直接投资并重阶段(李辉,2007),实现了"引进来"和"走出去"的并进发展。新时期,培育开放型经济发展的新优势,从而提高开放型经济水平是新时期中国对外开放和经济发展的重要方针。国际直接投资和国际贸易是一国参与国际经济分工的重要方式,如何推动开放型经济战略,更好地参与国际分工,促进中国经济转型与国际经济接轨,是当前的重要任务。国际直接投资对进出口贸易的影响机制如何? 如图 5-1 所示,母国对外直接投资主要通过贸易创造和贸易替代效应影响与东道国的进出口贸易,贸易创造表现为出口引致和反向进口效应,贸易替代表现为出口替代和进口转移效应。

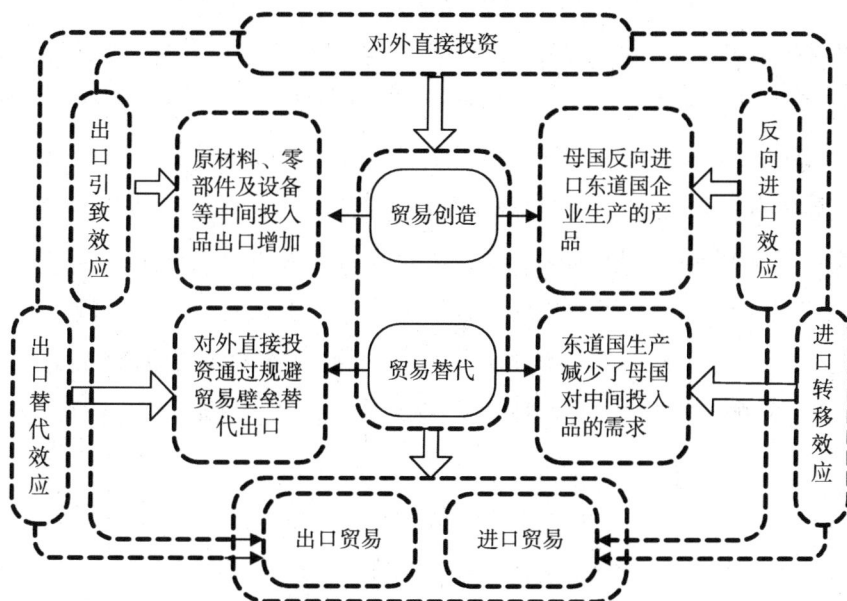

图 5-1 母国视角下对外直接投资的贸易效应影响机制

---

[1] 本章节的部分内容已发表于《世界经济研究》,可参见王恕立、向姣姣(2014a)。

（1）创造效应：出口引致和反向进口。

随着20世纪初实施的"走出去"战略的深入，中国对外直接投资对出口贸易已经产生了明显的带动作用（陈立敏等，2010）。随着对外直接投资规模扩张，跨国公司海外生产基地建设工厂所需要的初始投资设备以及生产所需要的原材料和零部件等中间投入物需求增加，若从投资母国采购，就会增加母国的出口，特别是以成本最低化为目的的生产效率寻求型的对外直接投资能够促进国际贸易的发展，带动贸易创造效应（Gray，1998）。正如Kojima（1978）的边际产业扩张理论的解释，投资国倾向于选择本国处于劣势或即将处于劣势的边际产业依次进行对外直接投资，但这些产业在东道国却拥有劳动力资源的相对优势。基于对外直接投资活动是包含资本、技术、管理和人力资本等一揽子经营要素的转移的跨国投资经营方式，母国与东道国之间存在的比较成本的差距，最大化地促进了东道国子公司生产所需的中间投入品的进口和要素组合的转移，扩张了母国的出口规模，产生了出口引致效应。

另外，对外直接投资的增加也会导致推动母国进口贸易的规模扩张，跨国公司的海外分公司在东道国生产的产品返销到母国，引起母国进口规模上升。Vernon（1966）的产品周期理论将跨国公司的对外直接投资行为与产品发展周期即产品的诞生、发展和衰退过程结合起来分析，认为产品的生命周期分为创新阶段、成熟阶段和标准化阶段。母国对外直接投资的反向进口效应多发生在成熟阶段后期和标准化阶段，这类跨国公司多以成本导向型企业为主，通过选择价格较低的东道国建立子公司，降低产品的成本，保证产品的相对优势，维持市场的稳固地位，母国则通过进口的方式满足国内消费者对该产品的需求。

（2）替代效应：出口替代和进口转移。

各国参与国际分工过程中都会选择保护本国的民族产业，制定一系列的关税或非关税限制等贸易保护措施。随着贸易壁垒和贸易摩擦日益加剧，规避贸易壁垒也成为对外直接投资的一大动因，跨国公司为了绕过或规避贸易壁垒，会选择在进口国当地生产销售并出口到第三国，将原出口型产业通过对外直接投资的方式转移到国外，母国"关税引致的对外直接投资"逐渐增多替代了母国该产品的出口,母国的出口贸易减少,在以市场导向型为动机的对外直接投资中这种出口替代效应较明显,跨国公司为了抢占市场份额、规避贸易摩擦更倾向于对外直接投资方式。

另外,母国对外直接投资的增多会使国内的进口转移到东道国。随着母国的跨国公司选择在国外建立生产基地或设立分支机构,跨国公司的生产设备逐渐向国外转移,母国对生产所需的初级产品或中间投入品的需求逐渐减少,东道国成为这些生产所必需品的进口国。再者,跨国公司的国外子公司为了降低交易成本,通过外部市场内部化的方式实现母公司部分原材料的需求。以资源寻求型为动机的对外直接投资进口转移效应尤为明显,对于战略性资源匮乏的国家,母国倾向于选择把生产基地转移到具有资源禀赋的国家当地生产销售,保证资源的稳定及有效供应,通过对外直接投资实现企业的纵向一体化战略。

5.2　研究方法与数据处理

5.2.1　引力模型的设定及变量选取

引力模型是研究贸易流动的传统模型。Tinbergen(1962)最早将其应用于国际贸易领域预测两国之间双边贸易流动与两国的经济规模和距离的关系。Anderson(1979)把引力模型拓展到投资领域,用来解释OFDI流量的问题,他提出国际直接投资的引力模型如公式5-1所示:

$$Q_{ij} = B^0 (Y_i)^{B^1} (Y_J)^{B^2} (N_i)^{B^3} (N_i)^{B^4} (R_{ij})^{B^5} (A_{ij})^{B6} \zeta \qquad (5-1)$$

其中,i 和 j 代表国家,ζ 代表随机误差项,Q 代表国家或区域间双边OFDI流量变化,Y 代表GDP,N 代表人口总数,R 和 A 分别代表两国之间的阻力因素和助力因素。很多学者在此基础上运用引力模型来分析贸易和投资流量问题,较好地解释了一些经济现象。本章借鉴引力模型对我国对外直接投资对进出口贸易的影响进行经验分析,变量的选取参考了 Buckley(2007)和李阳等(2013)的相关研究,为了避免回归方程中存在异方差和残差的非正态分布问题,而且经济生活中各因素间的相互关系往往是几何形式,本章将模型中 exp、imp、ofdistock 以及 pop 等非比率指标都进行了对数处理,使引力公式线性化。于是,对外直接投资对进出口贸易影响的具体模型建立如公式5-2和公式5-3所示:

$$\ln(imp_{ijt}) = \beta_0 + \beta_1 \ln(ofdistock_{ijt}) + \beta_2 tf_{jt} + \beta_3 ivf_{jt} + \beta_4 \ln(pop_{jt}) + \beta_5 gdpr_{jt}$$

$$+\beta_6 territory_{ij} + \beta_7 territorysea_{ij} + \beta_8 language_j + \beta_9 taxhaven_j + a_i + \eta_t + \mu_{ijt} \quad (5-2)$$

$$\ln(exp_{ijt}) = \beta_0 + \beta_1 \ln(ofdistock_{ijt}) + \beta_2 tf_{jt} + \beta_3 ivf_{jt} + \beta_4 \ln(pop_{jt}) + \beta_5 gdpr_{jt}$$

$$+\beta_6 territory_{ij} + \beta_7 territorysea_{ij} + \beta_8 language_j + \beta_9 taxhaven_j + a_i + \eta_t + \mu_{ijt} \quad (5-3)$$

其中,i 代表中国,j 代表所选的东道国样本,t 代表年份,模型中被解释变量 imp 和 exp 分别表示中国对东道国的进出口贸易额。解释变量有9个,包括5个控制变量用于控制国家之间的差异和4个哑变量,$ofdistock$ 表示中国对东道国的OFDI存量,选取存量而非流量数据是为了有效衡量FDI贸易效应的长期影响;本章引入投资贸易制度环境、宏观经济因素和地理语言关税因素,对引力模型进行扩展,以回答中国OFDI对进出口贸易是创造效应还是替代效应。其中,投资贸易制度环境用东道国的贸易自由度(tf)和东道国的投资自由度(ivf)来反映。前者衡量东道国商品贸易自由便利程度,即东道国商品流动的阻碍程度越小,商品流动的成本越低,越能实现跨国转移和交易;后者衡量东道国资本自由流动难易程度,即东道国资本流动的障碍越小,投资自由度越高。宏观经济因素用东道国的人口规模(pop)和东道国国内生产总值的增长率($gdpr$)来表示,前者反映东道国的市场需求,后者反映东道国市场规模和宏观经济实力。地理因素,考虑到OFDI会通过"出口引致"或者"进口创造"效应(王恕立,向姣姣,2014a)促进进出口贸易的发展,而运输成本成为"贸易平台型"投资要考虑的关键因素,分别用东道国是否与中国领土接壤(territory)或领海接壤(territorysea)的虚拟变量来表示中国与东道国的地理关系。语言因素,用东道国官方语言是否为汉语或英语(language)的虚拟变量来表示语言因素的影响。关于关税因素,关税壁垒一直是国际贸易和国际直接投资关注的话题,特别是贸易保护主义日益抬头的背景下,运用是否是避税港(taxhaven)的虚拟变量来描述东道国关税因素对贸易效应的影响,本章考察了1个无税避税港（巴哈马）和8个低税避税港（巴林、巴拿马、马来西亚、摩洛哥、瑞士、新加坡、以色列以及中国香港）。

5.2.2　研究样本的选取

改革开放30多年来，中国开放型经济发展成效显著。就国际贸易而言，2007年，货物进出口总额突破2万亿美元，成为世界第三大货物贸易国。2012年，中国货物贸易总额首次超过美国，成为世界第一大货物贸易国，这也是100多年来发展中国家首次成为世界货物贸易第一大国。同时，2013年，中国OFDI流量首次突破千亿美元，达到1078.4亿美元，连续两年位列世界第三大对外直接投资国。中国已经由"吸金大户"向"投资大国"转变。中国对外直接投资与进出口贸易逐渐呈现协同发展趋势。但是，中国离"贸易强国"和"投资强国"还有一段距离，产品在国际上的市场竞争力还有待培育和加强。

本章主要分析了中国OFDI区位选择对进出口贸易的影响，以中国对外直接投资的存量和进出口贸易数据为样本，选取2003—2012年这10年为样本区间，综合考虑了中国OFDI区位选择和进出口贸易的特点，排除进出口贸易、OFDI存量缺失以及其他解释变量缺失6年及以上的国家和地区，合计选取了106个国家和地区作为研究样本。具体地说，排除了进出口、OFDI存量数据存在缺失的63个国家和地区，排除其他解释变量10年数据中缺失5年以上的12个国家和地区。此外，有3个国家和地区的 tf 、wf 和 gdp 存在不大于5年的缺失数据，采用线性插值法进行填补。

考虑到中国OFDI区位分布和进出口贸易的特点，参照王恕立、向姣姣（2014a）的做法，根据联合国人类发展指标（Human Development Index，HDI）将106个样本国家和地区根据投资动机的差异分为三类进行考察，包括19个发达经济体、37个新兴经济体与发展中国家以及50个资源丰裕类国家，各类投资动机对应的国家和地区如表5-1所示。

表5-1　基于投资动机下的选取样本国家和地区分类

划分类别	样本国家和地区
发达经济体和地区	爱尔兰、奥地利、巴巴多斯、比利时、冰岛、丹麦、德国、法国、芬兰、荷兰、捷克、拉脱维亚、卢森堡、马耳他、美国、挪威、葡萄牙、日本、瑞典、瑞士、斯洛伐克、西班牙、希腊、新西兰、意大利、英国
新兴经济体与发展中国家和地区	阿尔巴尼亚、埃及、埃塞俄比亚、巴哈马、巴基斯坦、巴拉圭、巴拿马、白俄罗斯、保加利亚、贝宁、布隆迪、多哥、菲律宾、佛得角、冈比亚、格鲁吉亚、古巴、韩国、吉布提、柬埔寨、科特迪瓦、莱索托、老挝、黎巴嫩、立陶宛、卢旺达、罗马尼亚、马拉维、马来西亚、马里、毛里求斯、秘鲁、莫桑比克、墨西哥、塞浦路斯、塔吉克斯坦、泰国、坦桑尼亚、突尼斯、乌干达、新加坡、也门共和国、以色列、印度、印度尼西亚、约旦、越南、乍得、中国香港、斐济
资源丰裕类国家和地区	阿尔及利亚、阿根廷、阿拉伯联合酋长国、阿曼、阿塞拜疆、安哥拉、澳大利亚、巴林、巴西、玻利维亚、波兰、波斯尼亚和黑塞哥维那、博茨瓦纳、伯利兹、赤道几内亚、多米尼加共和国、俄罗斯联邦、厄瓜多尔、刚果(布)、哥伦比亚、哥斯达黎加、圭亚那、哈萨克斯坦、洪都拉斯、吉尔吉斯斯坦、几内亚、加拿大、加纳、加蓬、津巴布韦、喀麦隆、卡塔尔、科威特、克罗地亚、肯尼亚、利比亚、马达加斯加、马其顿、毛里塔尼亚、蒙古、孟加拉国、摩洛哥、纳米比亚、南非、尼泊尔、尼日尔、尼日利亚、塞拉利昂、塞内加尔、沙特阿拉伯、斯里兰卡、苏里南、特立尼达和多巴哥、土耳其、土库曼斯坦、委内瑞拉、乌克兰、乌拉圭、乌兹别克斯坦、匈牙利、叙利亚、牙买加、伊朗、赞比亚、智利、中非

注:分类标准参考《中国对外直接投资统计公报》中主要国家对外直接投资行业分类以及联合国人类发展指标。

为了检验样本选取的代表性,表5-2分析了中国OFDI区位选择进出口贸易效应实证研究中选取的样本国家和地区代表性情况。从不同投资动机下样本选取的代表性统计结果发现,19个发达经济体个数占发达经济体总个数的比重为63.3%,37个新兴经济体与发展中国家和地区的比重占新兴经济体与发展中国家和地区总个数的比重为 54.4%,50 个资源丰裕国和地区占资源丰裕类国家和地区总个数的比重为 60.2%,选取的样本总数 106 个国家和地区占 OFDI 存量国家和地区总数的 57.9%。2003—2012 年,选取的发达经济体、新兴经济体与发展中国家和地区、资源丰裕类国家和地区的 OFDI 存量占到当年总存量的平均数为 77.2%、81.6% 和 88.0%。因此,可以论证样本选取具有代表性。

表 5-2　中国 OFDI 贸易效应选取国家和地区样本统计

国家类型	国家和地区个数	个数占比	OFDI 存量占比		
			2003 年	2012 年	各年平均
发达经济体	19	63.33	100.00	76.27	77.20
新兴经济体与发展中国家和地区	37	54.41	85.06	83.77	81.59
资源丰裕类国家和地区	50	60.24	70.06	88.74	88.04
所有国家和地区	106	57.92	84.76	83.64	82.01

注:国家和地区分类标准参考《中国对外直接投资统计公报》中主要国家对外直接投资行业分类以及联合国人类发展指标,具体数据根据《中国对外直接投资统计公报》整理计算。

5.2.3　变量的统计描述及数据来源

变量的具体说明及数据来源见表 5-3,关于东道国宏观经济因素,东道国的人口规模(pop)、东道国国内生产总值的增长率(gdpr),数据来源于世界银行数据库。其中,GDP 数据根据当年的美元兑换人民币的汇率转换成人民币计价,并使用以 2003 年为基期的 CPI 进行价格平减。

表 5-3　中国 OFDI 贸易效应选取变量的简单统计描述

变量类型	变量	观察数	平均值	标准差	最小值	最大值
被解释变量	我国对东道国的进口额（imp），单位亿元	1060	471.792	1218.338	0.000828	9789.163
	我国对东道国的出口额（exp），单位亿元	1060	652.0037	1883.72	0.292178	16801.35
投资因素	OFDI 存量（ofdistock），单位亿元	1060	85.98621	790.13	0.003054	14403.43
投资贸易制度环境	贸易自由度（tf）	1060	71.20689	13.49418	0	95
	投资自由度（ivf）	1060	51.12736	21.07426	0	95
宏观经济因素	东道国人口总量（pop），单位万人	1060	4551.93	12060.37	31.5624	123668.7
	东道国 GDP 增长率（gdpr），单位%	1060	6.73296	13.64523	-57.9821	124.7628
地理因素	是否领土接壤（territory）	1060	0.09434	0.292439	0	1
	是否领海接壤（territorysea）	1060	0.056604	0.231193	0	1
语言因素	是否英语/汉语（language）	1060	0.283019	0.450678	0	1
关税因素	是否是避税港（taxhaven）	1060	0.084906	0.278873	0	1

5.3　投资动机与中国 OFDI 区位选择的贸易效应实证

面板数据含有时间、截面和变量指标的三维信息，增加了观测样本量，提高了样本自由度，利用面板数据模型检验横截面和时间序列数据更能真实地反映问题，可减弱解释变量的多重共线性影响，降低估计误差。在这里，我们分别采用混合 OLS 估计法（Pooled Ordinary Least Squares，POLS）、固定效应估计法（Fixed Effects，FE）和随机效应估计法（Random Effects，RE）三种回归方法以求解面板模型，为确定哪种估计方法更为合理，分别采用F检验、B-P检验（Breusch and Pagan Lagrangian multiplier test）和Hausman检验。所有回归均通过引入年度虚拟变量控制时间效应项 η_t，其结果略。

5.3.1　总样本实证分析

首先对计量方程（5-2）和（5-3）的部分变量和全部变量进行实证检验，采用逐步法分别纳入投资贸易制度环境、宏观经济因素和地理语言关税因素等控制变量，具体结果见表5-4。无论是否引入控制变量，还是引入哪类控制变量，OFDI存量对进出口贸易均表现出显著的正向影响，即对进出口贸易存在显著的创造效应，且其反向进口效应要大于出口引致效应。以引入所有控制变量的第四组回归结果来看，OFDI存量对进出口均存在显著正向影响，其估计系数分别为0.0820和0.0364，说明在控制其他因素的条件下，中国OFDI存量每提高1个百分点，进口会增加0.082%，出口会增加0.0364%。因此，中国OFDI的创造效应显著存在，且反向进口效应要大于出口引致效应。

表5-4　中国OFDI贸易效应的基础回归结果

	imp	exp	imp	exp	imp	exp	imp	exp
	FE	RE	FE	RE	RE	RE	LSDV	RE
ln ofdistock	0.0831*** (0.0235)	0.0347*** (0.0116)	0.0816*** (0.0235)	0.0390*** (0.0117)	0.106*** (0.0234)	0.0360*** (0.0115)	0.0820*** (0.0234)	0.0364*** (0.0115)
tf			−0.000407 (0.00325)	0.00581*** (0.00163)	0.00431 (0.00326)	0.00668*** (0.00160)	8.51e−05 (0.00324)	0.00680*** (0.00160)
ivf			−0.00492* (0.00254)	−0.00231* (0.00126)	−0.00190 (0.00250)	−0.00146 (0.00124)	−0.00464* (0.00253)	−0.00142 (0.00123)
ln pop					0.832*** (0.111)	0.753*** (0.0679)	1.231*** (0.347)	0.782*** (0.0680)
gdpr					0.00139 (0.00185)	0.00116 (0.000900)	0.00121 (0.00180)	0.00118 (0.000899)

	imp	exp	imp	exp	imp	exp	imp	exp
	FE	RE	FE	RE	RE	RE	LSDV	RE
territory							−0.0469	−0.145
							(1.831)	(0.357)
territorysea							3.218***	0.966**
							(0.949)	(0.466)
language							−1.110*	−0.277
							(0.637)	(0.229)
taxhaven							0.967	1.880***
							(1.037)	(0.382)
常数项	2.923***	3.746***	3.214***	3.500***	−3.273***	−2.063***	−7.073**	−2.410***
	(0.0637)	(0.154)	(0.245)	(0.184)	(0.868)	(0.521)	(2.838)	(0.522)
样本量	1 060	1 060	1 060	1 060	1 060	1 060	1 060	1 060
R方	0.412	—	0.414	—	—	—	0.951	—
国家个数	106	106	106	106	106	106	106	106
F检验	120.79***	254.34***	101.78***	210.67***	82.65***	142.56***	82.65***	142.56***
B−P检验	3673.98***	3802.39***	3253.09***	3485.31***	3158.26***	3364.42***	3070.79***	3229.54***
豪斯曼检验	114.44***	−41.30	54.19***	−69.93	5.76	−207.62	37.12***	−304.04

注:小括号内为标准差,*、**和***分别表示显著性水平为10%、5%和1%。根据Stata Reference manuals 13的解释,当豪斯曼检验为负值时,不能拒绝原假设,即选择随机效应估计法。在这里,地理、语言和关税等因素属于虚拟变量,固定效应估计法的组内变换会将其当作国家固定效应项而消去,无法得到估计值。因此,在引入地理、语言和关税等因素时,先采用组内变换的固定效应估计法与其他方法进行比较,若支持固定效应估计法,再报告控制国家虚拟变量的最小二乘虚拟变量法(LSDV)的估计结果。

　　其他控制变量,对于投资贸易制度环境,贸易自由度对进口存在弱正向影响,但对出口存在显著正向影响,在控制其他因素的条件下,东道国贸易自由度每提高1个百分点,进口会增加0.00851%,出口会增加0.680%。投资自由度对进口存在显著负向影响,但对出口存在弱负向影响,原因在于较高的投资自由度会鼓励企业通过投资规避贸易壁垒。在控制其他因素的条件下,东道国投资自由度每提高1个百分点,进口会减少0.464%,出口会减少0.142%。

对于宏观经济因素,东道国人口总量对进出口均存在显著正向影响,在控制其他因素的条件下,东道国人口总量每提高 1 个百分点,进口会增加 1.231%,出口会增加 0.782%。东道国 GDP 增长率对进出口均存在弱正向影响,在控制其他因素的条件下,东道国 GDP 增长率每提高 1 个百分点,进口会增加 0.121%,出口会增加 0.118%。主要原因可能在于中国进出口贸易以低附加值产品和原材料为主,同时中国对外贸易的伙伴国以欧美国家及其他发达国家为主,这些国家或地区经济发展水平高但增长率平缓,所以 GDP 增长率对进出口贸易的影响不显著。

对于地理语言关税因素,领土接壤对进出口均存在弱负向影响,在控制其他因素的条件下,领土接壤会使进口减少 4.69%,出口减少 14.5%。领海接壤对进出口均存在显著正向影响,在控制其他因素的条件下,领海接壤会使进口增加 321.8%,出口增加 96.6%。东道国官方语言为汉语或英语对进口存在显著负向影响,对出口存在弱负向影响,在控制其他因素的条件下,东道国官方语言为汉语或英语会使进口减少 111.0%,出口减少 27.7%。东道国为避税港对进口存在弱正向影响,对出口存在显著正向影响,在控制其他因素的条件下,东道国为避税港会使进口增加 96.7%,出口增加 188.0%。这些结果的原因可能在于中国进出口贸易市场主要集中分布在与中国地理上领土不接壤的东南亚及欧美地区,同时对外贸易中会涉及多国语言。

5.3.2　不同投资动机的样本实证分析

OFDI 的进出口贸易效应与 OFDI 的区位选择相关,同时 OFDI 的区位分布又受到投资动机的影响,所以下面将根据母国的投资动机和东道国的经济发展水平及资源禀赋状况,把 106 个样本国家和地区分为三类,包括发达经济体、新兴经济体与发展中国家和资源丰裕类国家,分别对子样本进行回归,结果见表 5-5。

如表 5-5 所示,从对发达经济体样本的回归结果可以看出,中国技术寻求型 OFDI 存量对进口存在显著正向影响,对出口存在弱负向影响,在控制其他因素的条件下,中国技术寻求型 OFDI 存量每增加 1 个百分点,进口增加 0.04%,

出口减少 0.0212%。因此,中国在发达经济体存在不显著的出口替代效应,但存在显著的反向进口创造效应。从对新兴经济体与发展中国家样本的回归结果可以看出,中国市场寻求型 OFDI 存量对进出口贸易均存在正向影响,尤其对出口存在显著影响,中国市场寻求型 OFDI 存量每增加 1 个百分点,进口和出口分别增加 0.0133% 和 0.0610%。因此,中国在新兴经济体与发展中国家和地区的出口创造效应要大于反向进口创造效应,且反向进口创造效应不显著。从对资源丰裕类国家和地区样本的回归结果可以看出,中国资源寻求型 OFDI 存量对进出口贸易均存在显著正向影响,中国资源寻求型 OFDI 存量每增加 1 个百分点,进口和出口分别增加 0.149% 和 0.04%。因此,中国对外直接投资对资源丰裕类国家和地区的反向进口创造效应要大于出口创造效应。

表5-5 不同投资动机的中国OFDI贸易效应的回归结果

	技术寻求型OFDI		市场寻求型OFDI		资源寻求型OFDI	
	imp	exp	imp	exp	Imp	exp
	LSDV	LSDV	LSDV	RE	LSDV	RE
ln ofdistock	0.0402**	−0.0212	0.0133	0.0610***	0.149***	0.0400**
	(0.0187)	(0.0188)	(0.0476)	(0.0189)	(0.0382)	(0.0183)
tf	0.0340***	0.0548***	0.00214	0.00559**	−0.00143	0.00408**
	(0.00808)	(0.00809)	(0.00641)	(0.00253)	(0.00426)	(0.00205)
ivf	0.00306	0.000694	−0.00313	0.000470	−0.00419	−0.00278*
	(0.00327)	(0.00327)	(0.00521)	(0.00208)	(0.00339)	(0.00162)
ln pop	−0.934	−5.499***	4.099***	0.780***	0.535	0.716***
	(1.224)	(1.227)	(1.327)	(0.134)	(0.387)	(0.0784)
gdpr	−0.00852**	−0.00588	−0.00215	0.00257	0.00168	0.00104
	(0.00362)	(0.00363)	(0.00558)	(0.00224)	(0.00209)	(0.00102)
territory	——	——	8.869***	0.0912	−3.558***	0.486
			(3.226)	(0.528)	(0.345)	(0.429)
territorysea	#	#	−1.654	1.060*	——	——
			(2.999)	(0.550)		
language	−10.85	−36.67***	6.315**	−0.493	−2.050***	−0.468
	(7.020)	(7.037)	(2.842)	(0.374)	(0.629)	(0.296)

	技术寻求型 OFDI		市场寻求型 OFDI		资源寻求型 OFDI	
	imp	exp	imp	exp	Imp	exp
	LSDV	LSDV	LSDV	RE	LSDV	RE
taxhaven	−5.535	−19.54***	11.94***	3.285***	−0.0590	0.370
	(3.441)	(3.449)	(4.438)	(0.525)	(0.314)	(0.651)
常数项	14.56	55.73***	−35.63***	−3.052***	−1.567	−1.932***
	(11.61)	(11.63)	(11.93)	(1.030)	(3.150)	(0.594)
样本量	190	190	370	370	500	500
R方	0.984	0.985	0.946		0.940	
国家个数	19	19	37	37	50	50
F检验	131.69***	82.80***	51.95***	206.95***	86.95***	98.21***
B−P检验	576.04***	461.21***	794.10***	1101.74***	1455.22***	1305.88***
豪斯曼检验	−1.11	24.85**	30.55***	−19.09	1680.26***	−56.92

注:小括号内为标准差,*、**和***分别表示显著性水平为10%、5%和1%。——表示虚拟变量在该样本中不存在1的取值而无估计值。#表示虚拟变量的估计值因为与其他解释变量共线而被省去。根据Stata Reference manuals 13的解释,当豪斯曼检验为负值时,不能拒绝原假设,即选择随机效应估计法。在这里,地理、语言和关税等因素属于虚拟变量,固定效应估计法的组内变换会将其当作国家固定效应项而消去,无法得到估计值。因此,在引入地理、语言和关税等因素时,先采用组内变换的固定效应估计法与其他方法进行比较,若支持固定效应估计法,再报告控制国家虚拟变量的最小二乘虚拟变量法(LSDV)的估计结果。

5.4 中国 OFDI 区位选择的贸易效应实证结论

本章以2003—2012年中国对106个国家和地区OFDI存量和进出口贸易的跨国面板数据为样本,利用扩展的引力模型,从母国对外直接投资动机的视角,将中国对外直接投资的投资动机分为技术寻求型、市场寻求型和资源寻求型,考察了不同投资动机下中国OFDI区位选择对进出口贸易的影响。通过对中国OFDI区位选择影响进出口贸易的机理与实证分析,可以得出以下三点结论:

(1)从总样本整体回归结果看,中国对东道国的OFDI能促进中国对东道国的进口和出口贸易,即存在出口创造效应和反向进口效应。这种创造效应关系存在的原因可能在于,一方面,跨国公司为了降低交易成本通过内部贸易的方式实现了产品的转移,给母国的出口贸易带来了贸易创造效应,产生了出口引致需求。因此要鼓励中国有竞争力的行业和跨国公司通过OFDI战略"走出去",可以减少贸易摩擦,拓展国外市场。另一方面,中国主要通过加工贸易的方式参与国际分工中,主要以低附加值的制造业、劳动密集型的低端装配和组装为主,制造业对东道国的劳动力成本敏感,中国廉价的劳动力和自然资源获取的便利性一直吸引着跨国公司的OFDI,随着近几年中国人口红利的逐渐下降,跨国公司投资目的地的转移,使母国消费者对产品的需求需要通过从东道国进口实现,产生了反向进口效应。

（2）从分样本的回归结果看,中国对发达经济体的OFDI对于东道国的进口贸易具有显著的创造效应,对于出口贸易呈替代效应但结果不显著。说明中国对发达经济体的OFDI已经逐步从服务于出口贸易转向技术寻求型OFDI。中国对发达经济体的OFDI的反向进口效应可以增加逆向技术溢出效应,实现技术进步。中国对新兴经济体与发展中国家和地区的OFDI对于东道国的出口贸易有显著的创造效应,同时对进口贸易的创造效应不显著。主要原因在于,中国对新兴经济体与发展中国家和地区的OFDI多以市场寻求型为投资动机,通过对东道国的OFDI先行开拓了国外市场和贸易渠道,带动了东道国市场消费者的需求。中国对资源丰裕类国家的OFDI对于东道国的进出口贸易具有显著的进出口创造效应。中国以资源寻求型为动机的OFDI在东道国建立生产基地需要从母国进口机器设备及中间消耗品。但是,中国面向资源丰裕类国家和地区的对外直接投资对进口的反向创造效应要大于对出口的创造效应。

（3）人口总量和是否领海接壤对中国与东道国的进出口贸易均存在显著的正向效应。首先,人口总量体现了东道国的市场潜力和消费者需求,会带动与东道国的市场需求;其次,海港运输是国际贸易最通用的方式,相比陆运和空运,其成本更低,领海接壤会减少国际贸易的运输成本。

5.5　本章小结

本章从中国对外直接投资的投资动机视角出发，在分析对外直接投资带动贸易效益机理基础上，以 2003—2012 年中国对 106 个国家和地区 OFDI 存量和进出口贸易数据为样本，利用扩展的投资引力模型，分别从总样本层面以及分投资动机层面进行了面板数据模型的回归估计。得到以下三点研究结论：

（1）国际贸易和国际直接投资作为资源在国际范围内配置的重要方式，是企业国际化经营的重要路径。纵观国际贸易与国际直接投资理论的发展可以发现国际贸易与国际直接投资理论逐渐走向融合，包括国际贸易理论中引入国际直接投资元素、国际直接投资理论中国际贸易理论元素的融合以及国际贸易与国际直接投资从替代关系、互补关系到权变关系的发展。

（2）随着经济全球化和世界经济一体化的发展，国际贸易和国际投资已逐渐实现一体化发展的趋势。母国对外直接投资对东道国的进出口贸易的效应主要表现为创造效应和替代效应两个方面，贸易创造表现为对出口贸易的引致效应和对进口贸易的反向进口效应，贸易替代表现为对出口贸易的替代效应和对进口贸易的转移效应。

（3）通过总样本和根据投资动机分类的分样本回归结果可以发现，中国 OFDI 区位选择对中国与东道国的进出口贸易均能产生明显的创造效应，且反向进口效应要大于出口引致效应。对按照投资动机划分的经济体类型进行分样本回归发现，对外直接投资的进出口贸易效应受到母国投资动机的影响而存在国别差异。中国面向发达经济体的技术寻求型 OFDI 对于东道国的进口贸易具有显著的创造效应，与出口贸易呈替代效应但结果不显著。中国面向新兴经济体与发展中国家和地区的市场寻求型 OFDI 对于东道国的出口贸易有显著的创造效应，同时对进口贸易的创造效应不显著，这充分说明了对外直接投资对开拓国际出口市场的作用。中国面向资源丰裕类国家和地区的资源寻求型 OFDI 对于东道国的进出口贸易具有显著的进出口创造效应。

第6章 中国OFDI区位选择的逆向技术溢出效应

对外直接投资、外商直接投资和国际贸易是国际技术溢出的重要方式,而技术溢出是中国等发展中国家分享世界先进技术的重要路径(黄先海,张云帆,2005)。在开放型经济发展战略目标下,中国作为发展中国家,技术寻求是中国对外直接投资的主要目的之一,中国OFDI区位选择会直接影响对母国的逆向技术溢出效应和水平,同时中国东中西部区域发展存在不平衡的特征,OFDI来源的差异性也会影响OFDI逆向技术溢出的水平。本章在分析中国OFDI逆向技术溢出效应机理的基础上,通过经验分析,从OFDI投资动机的视角实证考察了技术寻求型、市场寻求型以及资源寻求型的对外直接投资逆向技术溢出对全国和区域全要素生产率的影响及区域差异。

6.1 OFDI区位选择、投资动机与逆向技术溢出效应的机制

中国企业对外直接投资的投资动机主要包括技术寻求型、市场寻求型和资源寻求型。从第三章对行业构成的分析来看,中国对外直接投资行业分布中批发和零售业、采矿业以及租赁和商务服务业一直占有较大的比重。2012年,我国批发和零售业、采矿业以及租赁和商务服务业对外直接投资额占对外直接投资总额的比重分别为14.9%、15.4%以及30.5%,位居对外直接投资行业分

布的前三位。获取东道国的原材料、品牌和技术、规避国内市场的竞争和东道国的贸易壁垒是中国对外直接投资规模不断扩张的重要原因(Salidjanova,2011)。其中,中国作为发展中国家,降低技术获取的成本、提高技术获取效率和加快产品更新的速度是对外直接投资的主要动因。

国际直接投资对东道国的技术溢出一直是学者研究的热点,国际直接投资(IFDI)能给东道国带来外溢效应。改革开放之初,"以市场换技术"是中国企业提升自身技术创新能力的重要途径。通过引入先进技术、知识和技能间接影响东道国企业的出口竞争、创造更多的就业机会和扩大开放型经济发展水平,为东道国带来正向的溢出效应,主要表现为竞争示范效应、人员流动效应以及跨国公司与当地产业的供应链效应(王志鹏,李子奈,2003)。关于母国通过对外直接投资获取逆向技术溢出效应的研究,"连接—杠杆—学习假说"(Mathews,2006)认为国际化是跨国公司获取技术、人力资源以及品牌这些稀缺战略资源的有效方式,这些战略资产足以使跨国经营中的后来者追赶上国际巨头,即所谓的杠杆效应(Luo,Tung,2007)。

东道国政府和企业进行对外直接投资影响母国技术进步主要基于四种机制,包括分摊母公司的研发成本机制、研究成果回流机制、逆向技术溢出机制和外围研发剥离机制(赵伟等,2006)。其中,逆向技术溢出机制是发展中国家通过向发达国家进行逆向探索性对外直接投资获取东道国的技术。考察母国对外直接投资的逆向技术溢出效应主要从东道国的外溢渠道和母国的吸收能力两方面考虑。企业在跨国经营的战略下通过对外直接投资的方式获取东道国的逆向技术溢出效应,而母国通过技术扩散效应和示范效应(白洁,2009)利用东道国的溢出技术实现技术和产业升级。此外,投资国的吸收能力与省域的研发资本存量(汪曲,2012)有关,R&D投入比重会正向影响OFDI的逆向技术溢出。然而,也有学者认为高素质的人才储备、经济开放程度、高技术产业发展和基础设施建设程度是OFDI逆向技术溢出效应的重要影响因素(周春应,2009)。

本书关于对外直接投资区位选择、逆向技术溢出与TFP的影响机制如图6-1所示。投资动机决定了中国对外直接投资的区位选择,基于投资动机的视角,对外直接投资区位选择主要流入三类国家和地区,包括发达经济体、新兴经济体与发展中国家和地区以及资源丰裕类国家和地区,分别代表技术寻求型、市场寻求型以及资源寻求型投资动机。中国面向发达经济体的投资主要依赖于吸收国外的研发技术、建立研发中心以及跨国并购的方式实现降低技术获取成本、提高技术获取效率以及加快产品更新速度的目的。面向新兴经济体与发展中国家的投资主要是通过扩大出口的方式实现扩张海外营销渠道和占领海外市场的目的。面向资源丰裕类国家的投资主要是通过利用当地资源实现当地生产以获取超额利润。通过从东道国获取的逆向技术溢出的方式降低技术获取成本等效应实现母国技术水平的提升和全要素生产率的增长。

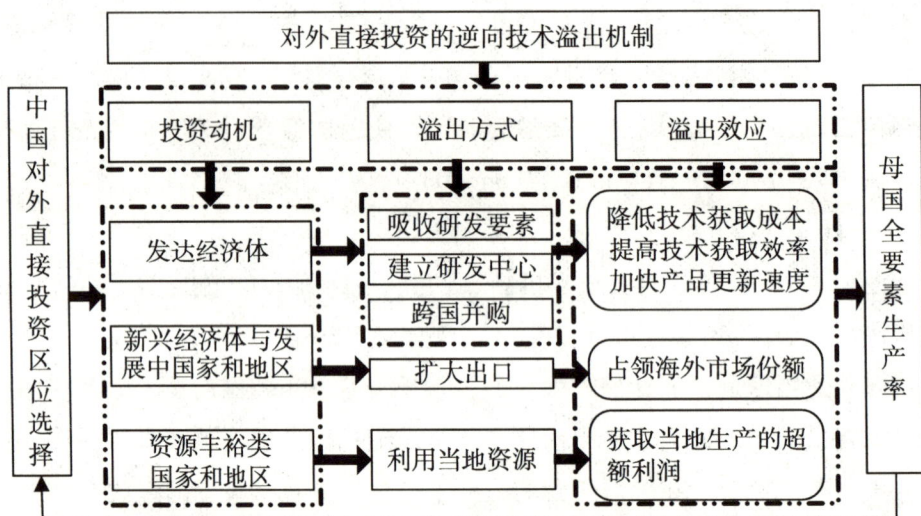

图6-1 OFDI区位选择、逆向技术溢出与TFP的影响机制

母国为了降低技术获取成本、提高技术获取效率以及加快产品更新速度选择到东道国开展对外直接投资,在这种动机的驱使下,对外直接投资逆向技术溢出对TFP的提升主要通过两个方面来表现,一方面,由于国内企业倾向于选择技术水平较高的发达国家进行对外直接投资,投资国企业通过与东道国企业的技术合作和交流产生的示范效应、模仿效应以及扩散效应,借助企业自身的引进、消化和再吸收的能力促进企业、行业甚至国家整体层面上技术水平

的提升,促进TFP的提高;另一方面,中国企业对外投资的主要动因是获取优势(李辉,2007),跨国公司通过对外直接投资战略有的放矢,寻求具有比较优势的资源和市场,缓解了国内部分要素禀赋不充分的局限性,提高了企业的效率。

6.2　研究方法与数据处理[❶]

6.2.1　CH模型的扩展

国际R&D溢出回归模型最早用于检验通过贸易渠道实现的逆向技术溢出效应。Coe和Helpman(1995)建立了CH模型考察进口贸易渠道产生的逆向技术溢出效应,表示如下:

$$\ln TFP_i = a_i^0 + a_i^d \ln S_i^d + a_i^f m_i \ln S_i^f \qquad (6-1)$$

其中,i代表国家或地区;TFP表示全要素生产率水平;S^d表示国内R&D资本存量;S^f表示通过进口贸易渠道获取的国际R&D溢出,$S_t^f = \sum_{j \neq i} \frac{M_{ij}}{M_i} S_j^d$,其中$M_{ij}$表示$i$国或地区从$j$国或地区的进口总额,$M_i = \sum_{j \neq i} M_{ij}$;$m$表示进口总额占GDP的比重。

Lichtenberg和Potterie(1998)改进了CH模型,提出国际R&D溢出S^f通过三个渠道实现,即进口贸易渠道(S^{fm})、IFDI渠道(S^{fi})和OFDI渠道(S^{fo}),于是国际R&D溢出S^f的计算公式是$S^f = S^{fm} + S^{fi} + S^{fo}$。关于通过进口贸易渠道实现的国际R&D溢出的计算方法,LP模型对CH模型进行了修正,提出$S_i^{fm} = \sum_{j \neq i} \frac{m_{ij}}{y_j} S_j^d$,其中$y_j$表示$j$国或地区的产出即GDP,$S_j^d / y_j$为$j$国或地区国内R&D资本存量占$j$国或地区GDP的比值,表示$j$国或地区产出的R&D资本密集度。

Bitzer和Kerekes(2008)对于国际R&D溢出回归模型中运用TFP表示一国技术进步的指标进行了改进,如下:

[❶]本章的部分内容已发表于《国际贸易问题》,可参见王恕立、向姣姣(2014b)。

$$\ln Y_{ist} = a_s + \beta_1 \ln S_{it}^d + \beta_2 \ln S_{it}^{fm} + \beta_3 \ln S_{it}^{fi} + \beta_4 \ln S_{it}^{fo} + \beta_5 \ln K_{ist} + \beta_6 \ln L_{ist} + \beta_7 \ln m_{ist}$$
$$+ \beta_7 \ln m_{ist} + a_t D^t + u_{ist}$$

$$(6-2)$$

其中，s 表示部门，t 表示年份，Y 表示总产出，K 表示物质资本，L 表示劳动，M 表示原材料和中间投入量，D_t 表示年份虚拟变量，u_{ist} 表示随机扰动项。

国内资本存量、国外技术溢出是衡量 TFP 的重要因素（Coe, et al., 2009），在总结 CH、LP 和 BK 模型关于国际 R&D 溢出回归方法的基础上，本章根据研究需要，集中探讨 OFDI 逆向技术溢出对中国各省份及东、中、西部地区 TFP 的影响，确定了以下计量模型：

$$\ln TFP_{it} = \beta_1 \ln S_{it}^d + \beta_2 \ln S_{it}^{FO} + a_i + \eta_t + u_{it}$$

$$(6-3)$$

其中，i 表示中国各省份，a_i 表示固定效应项，η_t 表示时间效应项，u_{it} 表示随机扰动项。模型中被解释变量 TFP 表示全要素生产率水平，解释变量有 2 个：国内 R&D 资本存量 S^d，OFDI 逆向技术溢出额 S^{fo}。

为了考察不同投资动机下 OFDI 逆向技术溢出对 TFP 的影响是否存在差异，本章进一步对模型（6-3）进行拓展，将 OFDI 逆向技术溢出根据投资动机分为三类，即技术寻求型、市场寻求型和资源寻求型 OFDI 逆向技术溢出。张春萍（2012）依据中国 OFDI 的投资动机和东道国的经济发展水平及资源禀赋状况，将中国 OFDI 流向地区分为发达经济体、新兴经济体与发展中国家以及资源丰裕类国家三类。本章借鉴该分类方法，技术寻求型对应发达经济体，市场寻求型对应新兴经济体与发展中国家，资源寻求型对应资源丰裕类国家。基于此，将三类投资动机下获取的 OFDI 逆向技术溢出分别记为 S^{fo1}、S^{fo2}、S^{fo3}，于是模型（6-3）记为：

$$\ln TFP_{it} = \beta_1 \ln S_{it}^d + \beta_2 \ln S_{it}^{fo1} + \beta_3 \ln S_{it}^{fo2} + \beta_4 \ln S_{it}^{fo3} + a_i + \eta_t + u_{it}$$

$$(6-4)$$

6.2.2　数据处理

（1）全要素生产率（TFP_{it}）的计算。

宏观经济学理论指出，一国国民经济总值的增长最终取决于全要素生产率、劳动和资本三个方面的增长。全要素生产率是用来衡量生产效率的指标，通常用于对经济增长源泉的分析，受到投入要素增长、技术进步、能力实现各方面的影响（郭庆旺，贾俊雪，2005）。假设技术进步为希克斯中性，两要素下科布道格拉斯（C-D）生产函数表示如下：

$$Y_{it} = A_{it} K_{it}^a L_{it}^\beta \tag{6-5}$$

其中，产出 Y 表示用GDP表示，为了剔除价格因素的影响，本章将GDP换算成以2003年为基期的价格表示，Y 表示技术水平，即 TFP，K 表示资本存量，L 表示劳动投入量，用全社会就业人员人数表示，a 表示资本产出弹性，β 表示劳动产出弹性。假设规模报酬不变，即 $a+\beta=1$，代入（6—5）式，并对其两边取对数，有回归方程：

$$\ln\left(Y_{it}/L_{it}\right) = \ln A_{it} + a \ln K_{it} + \varepsilon_{it} \tag{6-6}$$

运用公式（6-5）计算各省份 TFP 需要收集和处理各省份的产出 Y_{it}、资本投入 K_{it} 和劳动投入 L_{it} 数据。各省份2003年的GDP和2004—2012年的GDP生产指数数据来源于《中国统计年鉴》，2003—2012年各省份的全社会固定资产投资和固定资产价格指数数据来源于《中国统计年鉴》，2003—2012年各省份的就业人口数据 L_{it} 来源于《中国统计年鉴》，其中由于2006年各省份就业人口统计缺失，采用相关指标前后年份的数值移动平均代替。K_{it} 通过永续盘存法进行估算。2003—2012年各省份的资本存量的估算公式为

$$K_{it} = \left(1-\delta_{it}^K\right) K_{it-1} + I_{it}/P_{it} \tag{6-7}$$

其中，δ^K 为资本的折旧率，I 表示以当期价格计价的名义固定资产投资额，P 表示相对于基期的投资价格指数，此式的含义是 i 省份 t 期的资本存量 K_{it} 是 i 省份上一期的资本存量折旧 $\left(1-\delta_{it}^K\right) K_{it-1}$ 与 i 省份 t 期实际固定资产投资 I_{it}/P_{it} 之和。关于2003—2012年各省份资本存量的估算涉及对4个变量的确定：初始年份 K_0 的估算、当年固定资产投资 I_{it} 的选取、投资价格指数 P_{it} 的选取以及资本折旧率的设定。

物质资本存量基期的选择主要分为1952年和1978年，基年选择越早对后续年份资本存量估计的误差影响越小，本章使用张军等（2004）给出的2000年当年价格的资本存量计算后续年份的数据，所以实际选取的初始年份是1952

年。当年的固定资产投资 I_{it} 选取了各省份的全社会固定资产投资额。这些数据均用各省份的固定资产投资价格指数折算为 2003 年的不变价格。关于资本的折旧率 δ_{it}^{K} 没有统一的标准,张军等(2004)在相对效率呈几何递减的模式下,计算了 1952—2000 年三类资本品的折旧率和权重,最后将各省的固定资本形成总额的经济折旧率假定为 9.6%。本章沿用张军等(2004)的研究,假定 δ_{it}^{K} 为 9.6%。运用公式(6-7)计算出 2003—2012 年各省份的资本存量。

按照以上方法可求出 K_{it} 值,资本产出弹性 a 和劳动产出弹性 β 分别取值 0.7 和 0.3(郭庆旺,贾俊雪,2005),依据全要素生产率的计算方法 $TFP_{it} = Y_{it}/K_{it}^{a}L_{it}^{\beta}$ 便可以测算出各省份的全要素生产率。

(2)国内 R&D 资本存量(S_{it}^{d})的计算。

中国对 R&D 资本支出的统计开始于 1987 年,数据来源于《中国科技年鉴》,关于 R&D 资本存量运用永续盘存法计算得到。本章选取的是 2003—2012 年各省份的数据,在计算之前,首先要确定 2003 年的资本存量,借鉴 Griliches (1980)提出的方法计算 2003 年中国 R&D 资本存量,计算公式如下:

$$S_{i2003}^{d} = R_{i2003}^{d}/\left(g_{i}+\delta^{R} \right) \tag{6-8}$$

其中, S_{i2003}^{d} 为 2003 年各省份的 R&D 资本存量, R_{i2003}^{d} 为 2003 各省份的 R&D 支出, g_{i} 为 2004—2012 年每年 R&D 支出的算术平均增长率,R&D 资本存量的折旧率 δ^{R} 假定为 5%。使用公式(6—8)可以计算出 2003 年各省份的 R&D 资本存量。运用永续盘存法,有公式如下:

$$S_{it}^{d} = \left(1-\delta^{R} \right) S_{it-1}^{d} + R_{it}^{d}/P_{it} \tag{6-9}$$

其中 R_{it}^{d} 为 t 时期各个省份的 R&D 资本支出,运用公式(6-9)计算出 2004—2012 年各省份的 R&D 资本存量。

(3)各省份通过 OFDI 渠道获取的技术溢出(S_{it}^{fo})的计算。

在 CH 模型基础上,本章对 LP 模型关于溢出 R&D 技术的算法进行了改进,先计算出 t 时期中国通过 OFDI 渠道获取的逆向技术溢出 S_{t}^{fo} ,计算方法为 $S_{t}^{fo} = \sum_{j} \dfrac{ofdistock_{jt}}{Y_{jt}} S_{jt}^{d}$,其中, $ofdistock_{jt}$ 表示 t 时期中国对东道国 j 国或地区的 OFDI 存量, Y_{jt} 表示 t 时期东道国 j 国或地区的国内生产总值, S_{jt}^{d} 表示 t 时期东

道国 j 国的 R&D 资本支出。由于中国存在着明显的境内地区差异性,为了衡量各省份 OFDI 逆向技术溢出效应的不同,我们根据各省份 OFDI 存量在全国 OFDI 总额中的权重,计算出各省份 OFDI 逆向技术溢出额,计算方法为:

$$S_{it}^{fo} = S_t^{fo} \times \frac{ofdistock_{jt}}{\sum_i ofdistock_{jt}}$$

,其中, $ofdistock_{jt}$ 表示 i 省份 t 时期非金融类 OFDI 存量。

6.2.3　样本选取及数据说明

分析中国 OFDI 区位选择逆向技术溢出对母国 TFP 提升及区域的差异化影响时,需要选取东道国的跨国面板数据考察逆向技术溢出额,选取中国省际面板数据考察各地区获取的逆向技术溢出的额度。因此,样本的选取要从跨国面板数据和省际面板数据两部分进行分析。

(1)跨国面板数据的选取。

在计算各省份的 OFDI 逆向技术溢出额时,需要合理选取 OFDI 东道国。这里主要考虑到东道国单位 GDP 的 R&D 资本支出的数据可获得性,该数据来源于世界银行数据库。2003—2012 年,中国 OFDI 存量累计出现在 181 个国家和地区,其中有 112 个国家和地区存在单位 GDP 的 R&D 资本支出数据,排除 10 年数据中缺失 5 年以上的 95 个国家和地区后,最终得到选取的 76 个国家和地区。这其中,有 40 个国家和地区存在不大于 5 年的缺失数据,采用线性插值法进行填补。

表 6-1 展示了技术寻求型、市场寻求型以及资源寻求型投资动机下选取样本的具体分类,参照王恕立、向姣姣(2014b)的做法,根据联合国人类发展指标(Human Development Index,HDI)将 76 个样本国家和地区根据投资动机的差异分为三类进行考察,包括 27 个发达经济体、24 个新兴经济体与发展中国家以及 25 个资源丰裕类国家。

表6-1　基于投资动机下选取的样本国家和地区分类

划分类别	样本国家和地区
发达经济体	爱尔兰、爱沙尼亚、奥地利、百慕大群岛、比利时、冰岛、丹麦、德国、法国、芬兰、荷兰、捷克、拉脱维亚、卢森堡、马耳他、美国、挪威、葡萄牙、日本、瑞典、斯洛伐克、斯洛文尼亚、西班牙、希腊、新西兰、意大利、英国
新兴经济体与发展中国家和地区	埃及、巴拉圭、巴拿马、白俄罗斯、保加利亚、布隆迪、古巴、韩国、黑山、立陶宛、罗马尼亚、马来西亚、墨西哥、塞尔维亚、塞浦路斯、塔吉克斯坦、泰国、突尼斯、乌干达、新加坡、以色列、印度、中国澳门、中国香港
资源丰裕类国家和地区	阿塞拜疆、巴西、波兰、波斯尼亚和黑塞哥维那、俄罗斯联邦、刚果（金）、哥伦比亚、哈萨克斯坦、吉尔吉斯斯坦、加拿大、科威特、克罗地亚、马达加斯加、马其顿、蒙古、摩尔多瓦、南非、沙特阿拉伯、特立尼达和多巴哥、土耳其、乌克兰、乌拉圭、匈牙利、伊拉克、伊朗

注：分类标准参考《中国对外直接投资统计公报》中主要国家和地区对外直接投资行业分类以及联合国人类发展指标。

　　为了检验选取的样本具有代表性，表6-2分析了中国OFDI区位选择的逆向技术溢出效应实证研究中选取的样本国家和地区代表性情况。从选取样本的代表性统计结果发现，27个发达经济体个数占发达经济体总个数的比重是90.0%，24个新兴经济体与发展中国家和地区的比重占新兴经济体与发展中国家和地区总个数的比重是35.3%，25个资源丰裕国家和地区占资源丰裕类国家和地区总个数的比重是30.1%，选取的样本总数76个国家和地区占OFDI存量国家和地区总数的41.5%。2003—2012年，选取的发达经济体、新兴经济体与发展中国家和地区、资源丰裕类国家和地区的OFDI存量占到当年总存量的平均数为99.7%、79.5%和49.4%。因此，可以论证样本选取具有代表性。

表6-2　中国OFDI逆向技术溢出效应选取的样本代表性统计

国家和地区类型	国家和地区个数	个数占比	OFDI存量占比		
			2003年	2012年	各年平均
发达经济体	27	90.00	99.78	99.79	99.73

国家和地区类型	国家和地区个数	个数占比	OFDI存量占比		
			2003年	2012年	各年平均
新兴经济体与发展中国家和地区	24	35.29	85.07	80.77	79.51
资源丰裕类国家和地区	25	30.12	46.07	49.51	49.35
所有国家和地区	76	41.53	83.63	78.74	77.56

（2）省级面板数据的选取。

综合以上的数据处理分析和方法,本章数据以2003—2012年中国29个省份非金融类OFDI存量数据为样本[1],为了说明OFDI技术溢出的差异,将样本分为东、中、西三个地区[2],所有数据都根据当年的美元兑换人民币的汇率转换成人民币计价。各个变量的描述见表6-3所示。

表6-3　中国OFDI逆向技术溢出效应选取变量的描述性统计

变量	计算公式及单位	均值	标准差	最小值	最大值	数据来源
TFP_{it}	$Y_{it}/K_{it}^{\alpha}L_{it}^{\beta}$	0.77	0.20	0.39	1.45	《中国统计年鉴》
S_{it}^{d}	$S_{it}^{d}=(1-\delta^{R})S_{it-1}^{d}+R_{it}^{d}/P_{it}$	653.82	865.64	3.67	5031.92	中国主要科技指标数据库
S_{it}^{fo}	$\sum_{j}\dfrac{ofdistock_{jt}}{Y_{jt}}\dfrac{ofdistock_{jt}}{\sum_{i}ofdistock_{jt}}S_{jt}^{d}$	268.39	494.66	0.06	4024.06	世界银行数据库

注: i 代表中国各个省份, j 表示对外直接投资东道国和地区, t 代表年份。

[1] 数据由作者根据《2012年中国对外直接投资统计公报》整理。

[2] 对中东西部的划分一直存在争议,本章借鉴了《中国对外直接投资统计公报》关于三大区域的划分标准,其中:东部包括北京、天津、河北、上海、江苏、浙江、福建、山东、广东、海南、辽宁11个省市;中部包括山西、安徽、江西、河南、湖北、湖南、吉林、黑龙江8个省;西部包括内蒙古、广西、四川、贵州、云南、陕西、甘肃、青海、宁夏、新疆10个省区,为保持数据的一致性和完整性,将重庆的数据并入四川,不考虑西藏。

6.3　投资动机与中国OFDI区位选择的逆向技术溢出实证

6.3.1　不同投资动机的全国层面逆向技术溢出

为了研究国内R&D资本存量、OFDI逆向技术溢出额对TFP的影响,首先测算并描述了我国29个省份2003—2012年间全国的TFP、国内R&D资本存量以及OFDI逆向技术溢出额的时序演变特征,如图6-2。其中,全国TFP取各省份的算术平均值,国内R&D资本存量、OFDI逆向技术溢出额分别取各省份加总值。

结合图6-2可知,样本考察期内,TFP总体呈上升趋势,2003—2008年全国的TFP保持平稳发展趋势,在0.79左右波动,2009年全国TFP开始下降直至2012年的0.67;国内R&D资本存量在样本期内一直保持稳步增长趋势,从2003年的7037.30亿元,上升3.6倍,到2012年的37155.2亿元;OFDI逆向技术溢出额在样本考察期内增速明显,但仍处于较低水平,2012年为18675.3亿元,仅为同期国内R&D资本存量的50.3%。

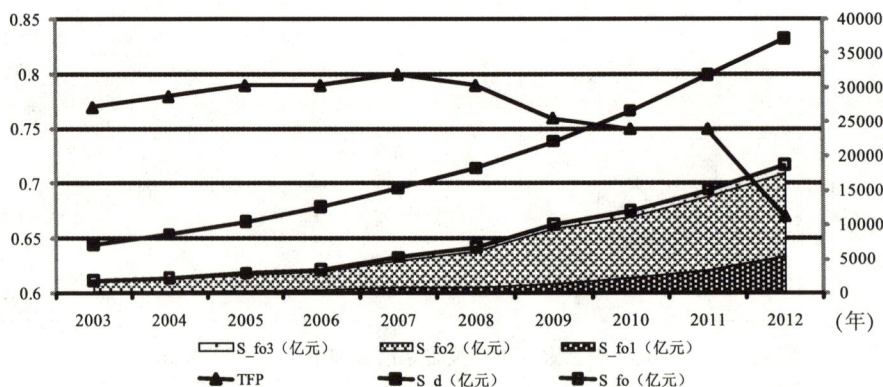

图6-2　中国OFDI逆向技术溢出额和TFP的变化趋势图(2003—2012年)

全国总量的变化特征见图 6-2,三种来源的 OFDI 逆向技术溢出基本变化趋势与 OFDI 逆向技术溢出额一致。从所占比重来看,市场寻求型 OFDI 的比重最大,2003 年高达 87.2%,但逐年递减,直至 2012 年 64.9%。相反,技术寻求型和资源寻求型 OFDI 的比重逐年递增,分别从 2003 年的 11.2% 和 1.6% 攀升到 2012 年的 29.0% 和 6.1%。这些变化说明中国 OFDI 投资动机下的 OFDI 逆向技术溢出存在显著差异,这与中国 OFDI 区位选择的空间演变有关。

6.3.2　地区层面的逆向技术溢出

TFP、国内 R&D 资本存量和 OFDI 逆向技术溢出额❶三者在全国层面均呈现一个不同速度的上升趋势,那么从地区层面来看,会出现怎么样的差异? 表 6-4 给出了各省份、东中西部地区以及全国在样本考察期内三个指标的算术平均值。

结合表 6-4 可知,样本考察期内 TFP 居于前 5 位的省份依次是上海、天津、广东、黑龙江和福建,分别为 1.24、1.08、1.05、1.02 和 1.00;宁夏、贵州、青海、云南和陕西依次排在后 5 位,分别为 0.45、0.47、0.55、0.56 和 0.57。 TFP 呈现了“东高西低”区域发展不平衡的特点;国内 R&D 资本存量居于前 5 位的省份依次是北京、广东、江苏、上海和山东,海南、青海、宁夏、新疆、贵州和内蒙古依次排在后 5 位;OFDI 逆向技术溢出额居于前 5 位的省份依次是广东、上海、北京、山东和浙江,青海、贵州、宁夏、江西和湖北依次排在后 5 位。从东、中、西部地区样本考察期内的数据看,东部地区的 TFP、国内 R&D 资本存量和 OFDI 逆向技术溢出额均高于全国水平,中、西部地区则均低于全国平均水平。

---

❶由于数据的不可获得,缺少各省份面向各国家 OFDI 的数据,因此由本章计算省份 OFDI 渠道获取的技术溢出的公式计算得到的各省份三种来源的 OFDI 渠道获取的技术溢出额,其地区差异与 OFDI 渠道获取的技术溢出的地区差异均是相同。所以,在进行地区层面分析,并未给出这部分数据。

表6-4　主要变量的地区层面差异性分析(2003—2012)

地区	省、市、自治区	TFP	国内R&D资本存量（亿元）	OFDI渠道获取的技术溢出额（亿元）
东部	北京	0.80	2922.05	650.56
	天津	1.08	542.80	112.30
	河北	0.79	442.79	165.29
	辽宁	0.86	935.90	325.87
	上海	1.24	1548.80	899.04
	江苏	0.96	1980.35	446.03
	浙江	0.89	1151.68	557.33
	福建	1.00	440.26	261.48
	山东	0.88	1431.15	657.71
	广东	1.05	2081.48	1965.89
	海南	0.71	14.46	87.26
中部	山西	0.68	212.95	76.63
	吉林	0.75	304.27	102.67
	黑龙江	1.02	380.18	191.35
	安徽	0.62	381.60	104.74
	江西	0.64	218.90	29.39
	河南	0.72	447.95	87.89
	湖北	0.89	618.32	45.67
	湖南	0.74	374.30	234.45
西部	内蒙古	0.75	107.09	58.21
	广西	0.64	149.55	76.67
	四川（含重庆）	0.65	1051.80	208.19
	贵州	0.47	88.08	4.05
	云南	0.56	126.08	151.93
	陕西	0.58	755.82	76.23
	甘肃	0.57	144.78	116.48
	青海	0.55	24.72	1.45
	宁夏	0.45	29.63	7.39
	新疆	0.69	53.02	81.13

地区	省、市、自治区	TFP	国内R&D资本存量（亿元）	OFDI渠道获取的技术溢出额（亿元）
东部		0.93	1226.52	557.16
中部		0.76	367.31	109.10
西部		0.59	253.06	78.17
全国		0.77	653.82	268.39

数据来源：(1)在计算资本存量时，可以选择较长年限来降低初始资本存量设置带来的误差。考虑到重庆初始年份数据距今较近，为保证数据准确性，故将重庆和四川合并。(2)本章根据省级数据和模型计算结果整理得到。

6.3.3 模型的回归分析

中国经济对外开放采取的是"自东向西"梯度发展的战略，加上地理位置和经济基础等因素制约，中国东、中、西部地区在经济发展水平、科研能力和对外开放程度方面的差异性明显，各个地区的吸收能力也不均衡。跨国公司通过到发达国家和较先进的发展中国家投资学习先进的技术和管理经验，再通过逆向技术溢出机制传导到母国，东、中、西部地区吸收能力的差异性会影响通过OFDI逆向技术溢出的效应。所以，本章首先对总样本进行分析，然后在此基础上将总样本分为东部、中部、西部地区三个子样本进行分析。同时，为了考察不同投资动机下的OFDI逆向技术溢出对TFP影响是否存在差异，本章将OFDI逆向技术溢出分为三种投资动机来源，引入模型（3）中进行估计。

（1）总样本分析。

中国OFDI区位选择逆向技术溢出效应对总体样本进行实证分析时，李梅与柳士昌（2012）指出TFP与国内R&D资本存量、OFDI逆向技术溢出之间存在双向因果关系，所以使用最小二乘法（Ordinary Least Squares，OLS）估计模型（6-3）可能会存在内生性问题。为此，本章将采用两阶段最小二乘法（Two-stage Least Squares，2SLS），分别用国内R&D资本存量、OFDI逆向技术溢出的滞后项作为工具变量。为了判断是否存在内生性，本章首先分别进行了杜宾和吴-豪斯曼内生性检验内生性检验。若证明其存在内生性问题，接着计算 Shea's partial R-squared 值,判断选取的工具变量是否满足工具变量的基本条件,即与内生变量相关而与随机扰动项不相关。若选取的工具变量个数超出存在内生问题的变量个数,则需进行过度识别检验,本章将分别采用 Sargan 检验和 Basmann 检验。此外,由于本章使用的数据样本是面板数据,这里分别采用混合 OLS 估计法(POLS)、固定效应估计法(FE)和随机效应估计法(RE)估计模型(6-3),并使用 F 检验和豪斯曼检验对估计方法进行判断选择。为了保证模型的稳健性,所有估计方法的结果均给出,这里用年度虚拟变量控制时间效应项 ηt,其结果被省略,见表6-5。

从杜宾和吴-豪斯曼内生性检验来看,均拒绝原假设,这说明国内 R&D 资本存量 S^d、OFDI 逆向技术溢出 S^{fo} 均存在内生性,采用工具变量法对模型(6-3)进行估计会更合理。从 Shea's partial R-squared 值来看,本章选取滞后1项作为工具变量符合工具变量的基本条件[1]。而从 F 检验和豪斯曼检验来看,无论是非工具变量法还是工具变量法,均选取使用固定效应估计法。

运用工具变量法检验模型的结果表6-5中的(5)所示,从总样本的检验结果看,S^d 与 TFP 存在弱正相关关系,S^d 的系数为0.00358,即 S^d 每增加一个百分点,TFP 将增加0.00358%。S^{fo} 与 TFP 存在显著负相关关系,S^{fo} 的系数为 −0.0384,S^{fo} 每增加一个百分点,TFP 将降低0.0384%。

表6-5　中国 OFDI 逆向技术溢出效应基础回归结果

变量	非工具变量法			工具变量法		
	(1) POLS	(2) FE	(3) RE	(4) IV_POLS	(5) IV_FE	(6) IV_RE
$\ln S^d$	0.0409*** (0.0120)	0.00740 (0.0250)	0.0698*** (0.0184)	0.0306** (0.0135)	0.00358 (0.0298)	0.0820*** (0.0213)
$\ln S^{fo}$	0.0786*** (0.00966)	−0.0189*** (0.00604)	−0.0132** (0.00619)	0.0914*** (0.0115)	−0.0384*** (0.0130)	−0.0266** (0.0127)
常数项	−0.654*** (0.0546)	−0.277** (0.118)	−0.585*** (0.0912)	−1.155*** (0.0631)	−0.238 (0.197)	−0.604*** (0.103)

[1] 本章使用了李梅和柳士昌(2012)的做法,即同时选取滞后1、2期作为工具变量,但是无论是 Sargan 检验还是 Basmann 检验,都是拒绝原假设,即存在过度识别约束,部分工具变量不是外生的。

续表

变量	非工具变量法			工具变量法		
	(1) POLS	(2) FE	(3) RE	(4) IV_POLS	(5) IV_FE	(6) IV_RE
样本量	290	290	290	261	261	261
R方	0.519	0.515	——	0.522	——	——
省份个数	——	29	29	——	29	29
F检验	106.63***			100.23***		
豪斯曼检验	6.97			9.54**		
杜宾检验	17.214***					
吴－豪斯曼检验	8.756***					
Shea's partial R-squared	$\ln S^d$: 0.883；$\ln S^{fo}$:0.814					

注:小括号内为标准差,*、**和***分别表示显著性水平为10%、5%和1%。

（2）地区样本基础回归结果统计。

东、中、西部地区样本计量结果的统计与对比见表6-6,采用工具变量法时,工具变量同样选取各变量的滞后1期。从东部地区的回归结果看,根据各统计检验,选择非工具变量法的随机效应估计,S^d 对 TFP 有显著的正相关关系,S^d 每增加一个百分点,东部地区的 TFP 将增加0.0695%,S^{fo} 与 TFP 存在显著的负相关关系,东部地区的 S^{fo} 每增加一个百分点,东部地区的 TFP 将降低0.0352%。从中部地区的样本回归结果看,根据各统计检验,选择工具变量法的固定效应估计,S^d 与 TFP 存在弱负相关关系,中部地区的 S^d 每增加一个百分点,中部地区的 TFP 将减少0.087%,S^{fo} 与 TFP 存在显著的正相关关系,中部地区 S^{fo} 每增加一个百分点,中部地区的 TFP 将增加0.0368%。从西部地区的样本回归结果看,根据各统计检验,选择工具变量法的随机效应估计,S^d 与 TFP 存在弱正相关关系,西部地区的 S^d 每增加一个百分点,西部地区的 TFP 将增加0.00848%,S^{fo} 与 TFP 存在弱负相关关系,S^{fo} 每增加一个百分点,TFP 将减少0.0278%。

表6-6 中国OFDI逆向技术溢出效应地区样本基础回归结果统计与对比

变量	东部(7)RE	中部(8)IV_FE	西部(9)IV_RE
$\ln S^d$	0.0695**	−0.0870	0.00848
	(0.0294)	(0.0565)	(0.0243)
$\ln S^{fo}$	−0.0352***	0.0368**	−0.0278
	(0.0109)	(0.0153)	(0.0239)
常数项	−0.365**	−0.114	−0.516***
	(0.161)	(0.342)	(0.109)
样本量	110	72	90
R方	——	——	——
省份个数	11	8	10
F检验	57.80***	100.28***	86.85***
豪斯曼检验	1.42	20.46***	4.01
杜宾检验	0.753	18.656***	18.930***
吴−豪斯曼检验	0.329	10.317***	10.255***
Shea´s partial R − squared	$\ln S^d$: 0.828; $\ln S^{fo}$: 0.761	$\ln S^d$: 0.985; $\ln S^{fo}$: 0.819	$\ln S^d$: 0.919; $\ln S^{fo}$: 0.807

注:小括号内为标准差,*、**和***分别表示显著性水平为10%、5%和1%。

（3）不同投资动机的OFDI逆向技术溢出效应分析。

为了解答不同投资动机的OFDI逆向技术溢出对 TFP 的影响是否存在差异,本章将OFDI逆向技术溢出分为技术寻求型的OFDI逆向技术溢出 S^{fo1}、资源寻求型的OFDI逆向技术溢出 S^{fo2}、市场寻求型的OFDI逆向技术溢出 S^{fo3} 三类,估计模型(6-4),结果见表6-7。采用工具变量法时,工具变量同样选取各变量的滞后1期。考虑到本章计算各省份分不同投资动机OFDI逆向技术溢出的方法特点,若在模型中考虑年度虚拟变量会引起严重的共线性问题,所以在这部分不考虑年度虚拟变量。

从全国的样本回归结果看,根据各统计检验,选择工具变量法的随机效应估计, S^d 与 TFP 存在弱正相关关系, S^d 每增加一个百分点,全国 TFP 将增加

0.0815%。S^{fo1} 与 TFP 存在显著的负相关关系，S^{fo1} 每增加一个百分点，全国 TFP 将减少 0.175%，技术寻求型 OFDI 对中国的 OFDI 逆向技术溢出存在较大的负向作用；S^{fo2} 与 TFP 存在显著的正相关关系，S^{fo2} 每增加一个百分点，全国 TFP 将增加 0.127%，市场寻求型 OFDI 对中国的 OFDI 逆向技术溢出存在较大的正向作用；S^{fo3} 与 TFP 存在弱正相关关系，S^{fo3} 每增加一个百分点，全国 TFP 将增加 0.0172。所以，技术寻求型 OFDI 对中国 OFDI 逆向技术溢出存在较大的负向冲击，会抵消非技术寻求型 OFDI 的正向作用，这便不难理解前面分析结果之所以会得到负效应。

　　从东部地区的样本回归结果看，根据各统计检验，选择非工具变量法的随机效应估计，S^d 与 TFP 存在显著的正相关关系，S^d 每增加一个百分点，东部地区 TFP 将增加 0.0576%。S^{fo1} 与 TFP 存在显著的负相关关系，S^{fo1} 每增加一个百分点，东部地区 TFP 将减少 0.118%；S^{fo2} 与 TFP 存在弱正相关关系，S^{fo2} 每增加一个百分点，东部地区 TFP 将增加 0.0293%；S^{fo3} 与 TFP 存在显著的正相关关系，S^{fo3} 每增加一个百分点，东部地区 TFP 将增加 0.0554%。三类投资动机动机下的 OFDI 对东部地区的逆向技术溢出，技术寻求型 OFDI 占据主导，且为显著负影响，这与不区分 OFDI 类型的回归结果吻合。

　　从中部地区的样本回归结果看，根据各统计检验，选择工具变量法的随机效应估计，S^d 与 TFP 存在显著的正相关关系，S^d 每增加一个百分点，中部地区 TFP 将减少 0.126%。S^{fo1} 与 TFP 存在显著的负相关关系，S^{fo1} 每增加一个百分点，TFP 将减少 0.129%；S^{fo2} 与 TFP 存在显著的正相关关系，S^{fo2} 每增加一个百分点，中部地区 TFP 将增加 0.147%；S^{fo3} 与 TFP 存在弱正相关关系，S^{fo3} 每增加一个百分点，中部地区 TFP 将增加 0.0113%。三类投资动机动机下的 OFDI 对中部地区的逆向技术溢出，市场寻求型 OFDI 占据主导，且为显著正影响，这与不区分 OFDI 类型的回归结果吻合。

　　从西部地区的样本回归结果看，根据各统计检验，选择工具变量法的随机效应估计，S^d 与 TFP 存在弱正相关关系，S^d 每增加一个百分点，西部地区 TFP 将增加 0.0177%。S^{fo1} 与 TFP 存在显著的负相关关系，S^{fo1} 每增加一个百分点，西部地区 TFP 将减少 0.136%；S^{fo2} 与 TFP 存在弱正相关关系，S^{fo2} 每增加一个百分点,西部地区 TFP 将增加 0.04055%;S^{fo3} 与 TFP 存在显著的正相关关系,S^{fo3} 每增加一个百分点,西部地区 TFP 将增加 0.0672%。三类投资动机动机下的 OFDI 对西部地区的逆向技术溢出,技术寻求型 OFDI 占据主导,且为显著负影响,这与不区分 OFDI 类型的回归结果吻合。

表6-7　不同投资动机的 OFDI 逆向技术溢出效应回归结果统计与对比

变量	全国	东部	中部	西部
	(10)	(11)	(12)	(13)
	IV_RE	RE	IV_RE	IV_RE
$\ln S^d$	0.0815***	0.0576**	−0.126*	0.0177
	(0.0261)	(0.0257)	(0.0721)	(0.0294)
$\ln S^{fo1}$	−0.175***	−0.118***	−0.129**	−0.136***
	(0.0262)	(0.0257)	(0.0540)	(0.0333)
$\ln S^{fo2}$	0.127***	0.0293	0.147*	0.0405
	(0.0460)	(0.0329)	(0.0840)	(0.0763)
$\ln S^{fo3}$	0.0172	0.0554***	0.0113	0.0672*
	(0.0201)	(0.0176)	(0.0371)	(0.0358)
常数项	−0.880***	−0.320	0.139	−0.581**
	(0.210)	(0.204)	(0.553)	(0.257)
样本量	261	110	72	90
R方	——	0.561	——	——
省份个数	29	11	8	10
F检验	90.03***	55.18***	82.59***	82.94***
豪斯曼检验	−2.51	1.76	4.27	1.99
杜宾检验	30.568***	2.055	26.554***	22.013***
吴-豪斯曼检验	8.357***	0.477	9.203***	6.557***
Shea's partial	$\ln S^d$: 0.877	$\ln S^d$: 0.784	$\ln S^d$: 0.741	$\ln S^d$: 0.913

注:小括号内为标准差,*、**和***分别表示显著性水平为10%、5%和1%。

6.4 中国OFDI区位选择逆向技术溢出效应的实证结论

本章以2003—2012年中国对76个国家和地区OFDI存量跨国面板数据和29个省份面板数据为样本,利用扩展的CH模型,根据中国OFDI投资动机、东道国经济发展水平及资源禀赋,将OFDI逆向技术溢出按溢出来源分为技术寻求型、资源寻求型和市场寻求型三类,分析了不同投资动机的OFDI逆向技术溢出效应的差异,实证检验了不同投资动机的OFDI逆向技术溢出对中国及各地区TFP影响的差异性,得出以下结论及启示:

(1)从总样本回归结果看,国内R&D投入对TFP提升具有弱正向效应,OFDI逆向技术溢出对TFP的影响呈现显著的负向效应,这与中国OFDI的投资动机密切相关。中国OFDI可能给母国企业带来"挤出效应"(Braunerhjelm et al.,2005),导致企业用于国内研发的投资减少,影响了国内技术进步,TFP增长效应不明显。在中国OFDI发展的当前阶段,OFDI流量和存量规模较少,还未充分释放出OFDI逆向技术溢出的效应,TFP的提升主要依靠国内研发资本的投入。因此,国内R&D投入仍然是中国技术进步的主要推力,在实施"走出去"战略引入国外先进技术的同时,要增强本国的自主创新和吸收能力,才能保证OFDI逆向技术溢出有助于中国技术水平提升这一战略目标的实现。

(2)从地区样本回归结果看,东部地区的国内R&D投入对东部地区的TFP有显著的正向提升作用。OFDI逆向技术溢出对TFP的影响存在地区差异,考虑整体的OFDI逆向技术溢出时,东部地区的OFDI逆向技术溢出对TFP的增长呈现显著的负向效应,中部地区的对TFP的增长呈显著的正效应,西部地区的OFDI逆向技术溢出对TFP的增长呈现弱负向效应。进一步而言,我们将OFDI逆向技术溢出按来源和投资动机分类进行分样本回归时发现,各地区的技术寻求型OFDI逆向技术溢出均表现为显著负向效应,市场和资源寻求型OFDI逆向技术溢出对各地区TFP均存在正向效应。这与中国OFDI区位选择和投资来源地分布不均衡有关,从中国OFDI的区位选择看,目标区域集中在亚洲地区,对欧盟和北美等发达地区的投资较少,因此OFDI逆向技术溢出有限。从投资来源地看,广东、上海、山东等东部地区的投资活跃,西部地区的投资存量较少且很不成熟。因此,东中部地区应在 OFDI 战略中有的放矢地寻求技术,缓解国内部分要素禀赋不充分的局限性。西部地区应进一步扩大OFDI 规模,释放 OFDI 的规模效益。同时,OFDI 逆向技术溢出效应是否呈现"梯度转移"的趋势有待进一步考察。

(3)从不同投资动机的 OFDI 逆向技术溢出效应回归结果看,在总样本回归中,技术寻求型的 OFDI 逆向技术溢出对 TFP 有显著的负向效应,市场寻求型的 OFDI 逆向技术溢出对 TFP 有显著的正向提升效应,资源寻求型 OFDI逆向技术溢出对 TFP 有弱正向效应,这证实了积极的逆向技术溢出效应是存在的,并主要来源于市场寻求型 OFDI。从东、中、西部分地区分样本的考察中发现,技术寻求型的 OFDI 逆向技术溢出在各地区均表现为显著的负向影响。积极的 OFDI 逆向技术溢出效应在东、中、西部地区各有差异,东、西部地区主要来源于资源寻求型 OFDI,中部地区则主要来源于市场寻求型OFDI。因此,积极鼓励以市场寻求型为投资动机的 OFDI,优化到技术密集型国家和地区的投资,缓解"挤出效应"以扩大积极的 OFDI 逆向技术溢出效应,由传统的"走出去"战略向"投资获取技术"战略转变,是当前"走出去"战略的新内容。

6.5　本章小结

本章在中国 OFDI 逆向技术溢出效应机理分析的基础上,以 2003—2012 年中国对 76 个国家和地区 OFDI 存量跨国面板数据和 29 个省份面板数据为样本,利用扩展的 CH 模型,采用工具变量法,根据中国 OFDI 投资动机、东道国经济发展水平及资源禀赋,将 OFDI 逆向技术溢出按溢出来源分为技术寻求型、市场寻求型和资源寻求型 OFDI 三类,分析了不同投资动机的 OFDI 逆向技术溢出效应的区域差异,实证检验了不同投资动机的 OFDI 逆向技术溢出对中国及各地区 TFP 影响的差异性,得出以下结论及启示:

(1)技术寻求型、市场寻求型和资源寻求型是中国 OFDI 的主要投资动机,中国对外直接投资的区位选择与东道国的要素禀赋区分下的投资动机密切相关。对外直接投资是获得技术溢出的重要方式,中国OFDI逆向技术溢出效应主要通过分摊母公司的研发成本机制、研究成果回流机制、逆向技术溢出机制和外围研发剥离机制(赵伟等,2006)实现母国技术水平的提升。作为发展中国家,与发达国家相比在技术创新上处于劣势地位,中国通过OFDI逆向技术溢出的方式吸取发达国家的技术,实现母国技术水平的提升。

(2)从中国总体发展的情况看,国内R&D投入对中国TFP的提升具有弱正向效应,OFDI逆向技术溢出对TFP的影响呈现显著的负向效应。从地区样本的回归结果看,东部地区的国内R&D投入对东部地区的TFP有显著的正向提升作用。从中国OFDI逆向技术溢出对区域TFP的影响看,东、西部地区OFDI逆向技术溢出对TFP的增长呈现负向效应,中部地区OFDI逆向技术溢出对TFP的增长呈显著的正效应。

(3)从来源于不同投资动机的OFDI逆向技术溢出对中国TFP增长的回归结果看,在"走出去"战略的当前阶段下,积极的逆向技术溢出主要来源于对新兴经济体与发展中国家的市场寻求型OFDI。然而,来源于发达经济体的技术寻求型的OFDI逆向技术溢出对中国TFP有显著的负向效应,来源于资源丰裕类国家的资源寻求型OFDI逆向技术溢出对中国TFP有弱正向效应。这主要是由于中国面向新兴经济体与发展中国家的市场寻求型OFDI在流量和存量上都占据了较大的比例,因此调整投资动机的分布结构是"走出去"战略深化改革的主要方向。

第7章　总结

7.1　主要结论

2000年中国开始实施"走出去"战略,中国对外直接投资经历了21世纪十几年的"井喷式"增长,对外直接投资路径下的开放型经济发展模式也在一定程度上推动了"对外开放"后中国经济的快速发展。为了在要素禀赋不足的先天劣势下有的放矢地获取技术、市场和资源的能力,中国对外直接投资呈现出多元化的投资动机。在此视角下,对中国OFDI区位选择影响因素的考察,可以检验中国经济在国际分工中的地位,验证中国从产业价值链的劳动密集型行业向高附加值行业转移的成效;对中国OFDI区位选择对母国经济带来的反馈效应的考察,可以检验中国企业受日益严峻的资源短缺以及制度"瓶颈"的双重制约下在全球范围内配置资源和利用市场的能力。基于此,本文的研究得出以下五点结论:

(1)多元化的投资动机使中国对外直接投资踏上了别具一格的发展之路。国际贸易和投资活动最早开始于封建社会,丝绸和瓷器是最早的商品。西汉时期的"丝绸之路"开辟了中外交流的新纪元。随后,先于葡萄牙和西班牙的"地理大发现"一个世纪,明朝先后开始了七次"郑和下西洋",是中国"走出去"的雏形,也是"大航海时代"的先驱,而后,中国经历了一段长期闭关锁国的时期。中国对外投资的思想真正萌芽于20世纪70年代末,1979年8月"出国办企业"政策的提出拉开了中国OFDI的序幕,2000年3月"走出去"战略的明确提出加速了中国 OFDI 的步伐,历经 30 多年的步步摸索,中国 OFDI 区位选择经历了探索阶段、雏形阶段、正式形成和全面实施阶段。如今,中国已经逐渐走向"引进来"和"走出去"战略的均衡发展,已经逐渐由贸易大国、"吸引大国"向"OFDI 大国"转变。2003—2012 年,OFDI 流量和存量分别保持了 47.92% 和 34.00% 的高增长,2012 年 OFDI 流量达到了 878.00 亿美元,成为世界第三大对外直接投资国。

(2)投资动机的演变是驱动中国对外直接投资发展的重要源泉。20 世纪 60 年代以前,国际直接投资大多属于资源寻求型投资动机,主要为殖民主义时代建立在南北贸易模式下的发展中国家原材料和工业化国家制成品之间的交换 (Frieden,1994)。新时期中国 OFDI 的动机更加多元化,中国对非洲国家的 OFDI 被误解以资源寻求掩盖下的"新殖民主义"。根据数据显示,中国 OFDI 区位选择既有面向发展中国家的顺向"利用型"OFDI,又有面向发达国家逆向"探索型"OFDI。中国 OFDI 区位选择的投资动机主要分为面向发达经济体的技术寻求型、面向新兴经济体与发展中国家的市场寻求型和面向资源丰裕类国家的资源寻求型。2003—2012 年,中国面向新兴经济体与发展中国家的市场寻求型 OFDI 占据主要份额,面向发达经济体的技术寻求型 OFDI 和面向资源丰裕类国家和地区的资源寻求型 OFDI 的比重正在不断上升。与此同时,作为中国对外直接投资发展的重要体现,行业结构也随之不断优化。从 2004 年开始,采矿业、制造业、批发零售业、租赁和商务服务业一直在中国 OFDI 行业结构中占据很大的比重。但从行业结构比重的变化来看,对外直接投资越来越多地流向第三产业。可以预见,随着全球服务经济时代的到来,中国 OFDI 产业结构已经逐渐从以制造业为主向服务业为主过渡,服务业已经成为中国 OFDI 的支柱产业,这样的趋势已经凸显。在全球贸易保护主义波澜再起的背景下,需要有效规避服务产品的贸易壁垒限制,充分利用东道国服务业发展状况,从而带动中国对其直接投资(陈丽丽,龚静,2013),进而实现中国的市场扩张。

(3)多元化的投资动机使中国对外直接投资面向不同类别国家和地区的区位选择表现出差异化的制度偏好。东道国制度是影响对外直接投资决策的重要驱动因素。为此,从母国投资动机和东道国制度质量双重约束视角,基于

2003—2012 年中国面向全球 142 个国家和地区非金融类 OFDI 流量数据,利用 Heckman 两阶段选择模型和扩展投资引力模型,考察东道国政治、经济和法律制度环境对技术、市场及资源寻求动机下 OFDI 投资选择和投资规模的约束作用。结果发现:中国 OFDI 投资规模偏好优越的制度环境,而投资选择偏好恶劣的制度环境,这与中国 OFDI 的投资结构密切相关。在多元化的投资动机驱动下,技术寻求型 OFDI 投资规模对优越制度质量的依赖较弱,但市场和资源寻求型 OFDI 投资规模对其依赖较强,尤其对政权稳定性、政府效率、监管质量和腐败控制。

(4)多元化的投资动机使中国 OFDI 面向不同类别国家和地区呈现差异化的贸易效应。进出口是国际贸易的重要载体,进出口贸易效应是 OFDI 区位选择首要且最直接的反馈效应。为此,从母国投资动机视角,在对外直接投资影响进出口贸易的机理分析基础上,基于 2003—2012 年中国对 106 个国家和地区 OFDI 存量和进出口贸易数据,利用扩展的投资引力模型,分别从总样本和分投资动机的子样本考察中国对外直接投资区位选择对进出口贸易产生的效应。结果发现:中国 OFDI 区位选择对中国与东道国的进出口贸易均能够产生明显的创造效应,且反向进口效应要大于出口引致效应。在多元化的投资动机驱动下,技术寻求型 OFDI 对与东道国的进口贸易具有显著的创造效应,市场寻求型 OFDI 对与东道国的出口贸易有显著的创造效应,资源寻求型 OFDI 对与东道国的进出口贸易均具有显著的创造效应。

(5)多元化的投资动机使中国 OFDI 面向不同类别国家和地区存在差异化的逆向技术溢出效应。技术是经济发展的持续源泉,逆向技术溢出效应是对外直接投资最深层次的反馈效应。为此,从母国投资动机视角,在中国 OFDI 逆向技术溢出效应机理分析基础上,将 OFDI 逆向技术溢出按溢出来源分为技术寻求型、市场寻求型和资源寻求型三类,基于 2003—2012 年中国对 76 个国家和地区 OFDI 存量跨国面板数据和 29 个省份面板数据,利用扩展的 CH 模型,采用工具变量法,考察不同投资动机的 OFDI 逆向技术溢出效应的区域差异,检验不同投资动机的 OFDI 逆向技术溢出对中国及各地区 TFP 影响的差异性。结果发现:OFDI 逆向技术溢出整体上对 TFP 的影响呈现显著的负向效应,但对中部地区 TFP 的增长有着显著的正效应。在多元化的投资动机驱动下,在"走出去"战略发展的当前阶段,积极的逆向技术溢出效应主要来源于对新兴经济体与发展中国家和地区的市场寻求型 OFDI。

7.2 政策启示

2014 年 7 月和 10 月,中国先后发起成立了"金砖国家"开发银行和亚洲基础设施投资银行,同年 11 月,中国提出出资 400 亿美元成立丝路基金,通过"一带一路"的实施带动沿线地区基础设施的建设,这些举措为国际投资领域的广泛合作奠定了基础,彰显了中国新一轮"走出去"战略的发展方向。然而,中国作为第一代真正意义上的对外直接投资力量,面临着重重挑战。通过对中国对外直接投资区位选择的影响因素和进出口贸易、逆向技术溢出两方面效应的研究,本书得出了有关中国对外直接投资区位选择和"走出去"战略的有益启示,为有关政策的制定提供了科学依据。总而言之,合理分散对外直接投资中的投资风险,调整投资区位分布,建立多层次、全方位和分散式对外投资格局,推动投资与贸易区位一体化发展,实现传统的"走出去"战略向"投资技术获取"战略转变,是"新常态"下中国 OFDI 区位选择的可行之路。

7.2.1 "走出去"与"引进来"的持续均衡发展

中国经济快速发展的过程离不开经济全球化的推进,而经济全球化是一个双向流动的过程,包括外商直接投资与对外直接投资。根据商务部统计数据显示,2014 年中国实际利用外商直接投资约为 1196.0 亿美元,非金融类 OFDI 流量达到 1029.0 亿美元,中国 IFDI 和 OFDI 都进入了千亿美元时代,双向投资首次接近平衡,中国已逐渐从资本输入国发展成世界最大的资本输出国之一,经历了 30 年的资本净流入以后,中国也即将迎来资本输出的发展阶段。

从改革开放伊始至 21 世纪初期,"以市场换技术"的"引进来"战略一直是开放型经济发展的重点,但新时期开放型经济发展却凸显了一系列问题。首先,国内"雾霾"系列问题下的环境污染加剧,传统的"以市场换技术"的利用外商直接投资模式在"绿色经济"的压力下急需转型,OFDI 成为缓解国内资源和环境压力的另一种路径;其次,从资源配置和国内"高储蓄率"的角度考虑,合理利用国际国内资源和市场是保障投资回报率和分散风险的主要方式;此外,在长期出口导向型经济发展的模式下,2006 年以来中国一直连续位居全球第一大外汇储备国,通过 OFDI 的方式合理运用外汇储备也是减少风险的重要方式。因此,要实现中国经济的持续稳定增长,更好地融入经济全球化,需要持续扩大"走出去"战略的规模,实现"走出去"和"引进来"的双赢发展。

7.2.2 投资动机引导下的中国 OFDI 区位选择路径

投资动机与区位选择的匹配是中国 OFDI 有的放矢的重要方式。随着中国对高度集聚投资结构的调整,合理匹配母国投资动机与东道国制度风险以优化投资结构,是保障"走出去"战略实现双赢发展的必经之路。加大技术获取型 OFDI 的力度,中国需要将技术寻求型 OFDI 主要流入发达国家和地区,特别是美国以及欧盟地区。根据 Potterie 和 Lichtenberg(2001)的研究,美国是重要的技术溢出地(Spillover-generator),而作为技术溢出接受方(Spillover-receiver)略显薄弱。日本是典型的获取外向 R&D 溢出的国家,直接对其开展 OFDI 很难获得技术溢出,有效获取技术溢出的重要方式是对其进行出口。合理优化市场寻求型 OFDI 的结构,中国需要最大化市场寻求型 OFDI 的优势,规避关税壁垒和市场进入壁垒,开辟海外销售渠道,采取"迂回式"间接出口,通过市场寻求型 OFDI 对出口贸易的创造效应来开辟国际市场。考虑到中国经济的飞速发展需要大量的资源,中国需要积极关注资源寻求型的 OFDI,加大对东南亚、拉美和非洲等资源丰裕且劳动力成本较低的国家和地区的投资。此外,随着中国人口红利的消失,"世界工厂"开始向越南等周边国家转移,以降低生产成本为目的的效率寻求型 OFDI 是下一阶段值得研究的投资动机。

7.2.3 实现投资与贸易区位一体化发展

全球经济一体化、贸易和投资自由化以及构建全球经济的新格局是当前经济发展的趋势。从中国 OFDI 流量和存量的总体趋势可以看出,服务业已逐渐在对外投资中占主导地位。根据商务部的统计数据显示,"十二五"以来,中国服务贸易在对外贸易中的比重持续攀升,从 2011 年占比 10.3% 上升到 2012 年的 10.8%,2013 年占比已经达到 11.5%,中国服务贸易的全球占比也从 2011 年的 5.2% 上升到 2013 年的 6.0%。2012 年中国服务进口和出口贸易总额分别占进出口贸易总额的 8.5% 和 13.3%,与之相比,中国货物进口和出口贸易总额分别占进出口贸易总额的 91.5% 和 86.7%。可见,服务贸易在进出口贸易中仍然有很大的提升空间。从中国 OFDI 区位选择对进出口贸易的影响看,中国对东道国的 OFDI 能促进中国与东道国的进口和出口贸易,即存在出口创造效应和反向进口效应。其中,资源寻求型 OFDI 对进出口贸易具有显著的反向进口效应和出口引致效应,技术寻求型具有显著的反向进口效应,市场寻求型 OFDI 具有显著的出口引致效应。

大力发展服务贸易是提升中国在国际分工中地位的必然选择。因此,从中国当前国际贸易和国际直接投资一体化的发展战略看,通过服务业在 OFDI 行业结构的优势扩张提升服务贸易的发展水平是国际经济一体化趋势下的重要选择。经济服务化已经成为经济全球化的重要特征,在"服务经济"全球化的背景下,服务贸易的提高可以提高中国产业价值链的整体竞争力和附加值,转变传统的"世界工厂"和"制造中心"的国际分工地位,有利于产业发展结构由"微笑曲线"的中间向两端拓展。

7.2.4　由"投资获取市场"向"投资获取技术"转变

从 2003—2012 年中国 OFDI 流量存量的数据显示,中国面向新兴经济体与发展中国家和地区的 OFDI 流量由 2003 年的 87.9% 下降到 2012 年的 71.0%,中国面向新兴经济体与发展中国家和地区的 OFDI 存量由 2003 年的 92.2% 下降到 2012 年的 77.4%。而中国面向发达经济体的 OFDI 流量由 2003 年的 6.5% 上升至 2012 年的 11.8%,中国面向发达经济体的 OFDI 存量由 2003 年的 3.0% 上升至 2012 年的 10.0%。从中国 OFDI 的投资动机分类看,虽然市场寻求型 OFDI 流量的份额在下降,但是市场寻求型 OFDI 的存量仍占据中国主要部分,技术寻求型 OFDI 流量的份额在不断上升。从投资区域看,对亚洲的投资逐年上升,仍是中国对外投资区位选择的主要目标。

从2003—2012年10年间中国OFDI区位选择的目的国可以发现,持续性且大规模的OFDI区位选择主要面向发展中国家,例如哈萨克斯坦、缅甸、蒙古、柬埔寨、老挝、韩国、泰国以及越南。然而,中国作为发展中国家,向发达经济体投资获取逆向技术溢出是提升中国技术水平的重要渠道,以此缩小与发达经济体在技术水平方面的差距。然而,在"走出去"战略发展的现阶段,积极的逆向技术溢出主要来自市场寻求型OFDI。因此,中国OFDI区位选择由过去的"投资获取市场"向"投资获取技术"转变是未来中国"走出去"战略实现由对外直接投资大国向对外直接投资强国迈进的重要路径。

7.3　研究特色及创新

中国OFDI区位选择问题是至今尚未达成共识的重要议题,随着中国"走出去"战略的深入发展,对外直接投资及对母国的反馈效应已成为国内外学者高度关注的话题。本书在现有研究文献的基础上,试图从母国投资动机和东道国区位优势匹配的角度考察中国OFDI区位选择问题,存在以下四点研究特色与创新:

(1)独特的研究路线。不同于以往的"动因→条件→效应"的研究路线,本书基于"投资动机→区位选择→反馈效应"的路径设计,从传统的东道国宏观经济变量展开,加入东道国政治、经济、法律等制度变量,综合考察母国驱动力和东道国引力双重视角下的中国OFDI区位选择的决定因素。进一步地,将研究样本根据中国OFDI投资动机的差异进行细分考察,剖析不同投资动机下中国OFDI区位选择对母国的反馈效应。

(2)可视化图形的引入。1978年12月,"改革开放"的战略决策正式提出,1979年8月,"出国办企业"政策正式提出,2000年3月,"走出去"战略正式提出。中国开放型经济发展战略已经走过了30多年,中国企业也经历了数十年的海外投资扩张之路,中国对外直接投资在区位选择和空间分布方面展示了其独特性。现有文献更多地关注中国企业对外直接投资的概况,鲜有文献立足于关注中国对外直接投资的区位选择问题。本书不仅从宏观上统计了中国对外直接投资区位分布的空间演变,而且从投资动机的视角展示了中国对外直接投资区分分布的特点。这些为新时期中国经济新常态战略背景下,中国企业如何从"走出去"向"走上去"发展提供了政策建议。

（3）全面合理的样本选取和评估体系构建。一方面,本书摒弃运用时间序列数据分析中国对外直接投资问题的偏误,以及多数文献可能存在的样本选取偏差问题,在样本选择层面尽可能全面地运用跨国面板数据反映2003—2012年中国OFDI区位选择的特征,例如在分析中国OFDI区位选择影响因素时,所选样本覆盖81.1%的流量面向国家和地区;另一方面,在指标选择层面,基于多维度的视角既包括反映宏观经济发展水平的指标,又包括衡量东道国和地区制度质量的指标,且引入了是否属于避税港、是否领土或领海接壤等虚拟变量以全面考察中国OFDI区位选择的影响因素和反馈效应。

（4）新意的研究结论。多元化的投资动机使中国对外直接投资面向不同类别国家和地区的区位选择表现出差异化的制度偏好、进出口贸易效应以及逆向技术溢出效应。其中,中国OFDI投资规模偏好优越的制度环境,而投资选择偏好恶劣的制度环境。在多元化的投资动机驱动下,技术寻求型OFDI投资规模对优越制度质量的依赖较弱,但市场和资源寻求型OFDI投资规模对其依赖较强,尤其对政权稳定性、政府效率、监管质量和腐败控制。此外,技术寻求型OFDI对与东道国的进口贸易具有显著的创造效应,市场寻求型OFDI对与东道国的出口贸易有显著的创造效应,资源寻求型OFDI对与东道国的进出口贸易均具有显著的创造效应。值得注意的是,现阶段积极的逆向技术溢出效应主要来源于对新兴经济体与发展中国家的市场寻求型OFDI。

7.4　研究展望

在改革开放初期到20世纪末,以开放促增长是经济发展的主要思想。中国开放型经济发展是以"引进来"为主,"怎样吸引外资""以市场换技术"是人们普遍讨论的话题和主要战略。随着中国逐步融入经济全球化以及国际分工的深化,中国开放型经济发展模式已由"引进来"为主向"引进来"与"走出去"双重并进的模式转变。2014年,中国非金融类的OFDI流量首次突破千亿美元,连续保持全世界第三大外资提供国的位置。随着中国对外直接投资在国际地位的提高,OFDI区位选择问题的研究会得到更多的关注。

(1)效率寻求型投资动机对中国OFDI区位选择的影响。就中国对外直接投资的整体发展态势而言,21世纪以来中国对外直接投资经历的高速发展过程和60年代的日本以及80年代的亚洲"四小龙"(韩国、中国台湾、中国香港、新加坡)极其相似。20世纪60年代,由于日本国内劳动力成本的上升,日本把劳动密集型产业转移到亚洲"四小龙"地区,带动了这些地区工业化的发展,实现了经济效应、就业效应和国民经济效应。20世纪80年代,由于劳动密集型产业的涌入,亚洲"四小龙"不得不面对劳动力成本上升的压力,中国由此成为"世界制造中心"。21世纪以后,尤其是中国城镇化水平的深入,"人口红利"危机成为中国不得不面对的问题,劳动密集型加工行业向外转移的对外直接投资逐渐会成为经济可持续发展的窗口。因此,效率寻求型投资动机会成为中国OFDI区位选择的重要目的。

(2)借助高质量的微观数据和合适方法得出更为严格而细致的研究结论。在数理分析方面,要实现从宏观大样本跨国面板数据向微观企业数据研究的过渡。由于数据统计方法的问题,中国对外直接投资有很大比例流向了避税地,比如中国香港、英属维尔京群岛等地,但这些地区很可能只是初次的而不是最终的投资目的地。"跳板假说"(Luo,Tung,2007)也证实对外直接投资是母国减少制度和市场限制的重要方式。基于此,利用中国对东道国投资的项目数据等微观层面的证据来分析中国OFDI区位选择问题成为一个切入口(荣大聂,提洛·赫恩曼,2013)。而且,运用中国对外直接投资来源地的企业项目数据分析中国对外直接投资的最终流入地、投资产业和投资动机会更有说服力(王碧珺,2013)。

(3)投资主体和行业的异质性对中国OFDI区位选择的影响。国有企业和民营企业作为中国对外直接投资中两种不同性质的投资主体,对国际制度环境的"忍耐性"差异较大,探究其深层次的原因是极富意义的研究问题。此外,2003年中国官方才开始编制《中国对外直接投资统计公报》,随着统计方法和路径的深入,中国对各个国家和地区对外直接投资的具体行业数据的细化统计，会进一步推进多元化投资动机下对各个国家和地区投资产业的差异性的研究，以及对中国OFDI区位选择引致的就业和产业提升效应的研究。

（4）投资结构调整下中国OFDI区位选择制度偏好的可能变化。从中国OFDI区位选择影响因素的实证研究发现，中国对外直接投资的区位选择偏好恶劣的制度环境，但是中国OFDI投资规模偏好优越的制度环境，究其原因，中国对外直接投资的投资结构是决定投资选择和投资规模存在差异化制度偏好和路径依赖的主要原因，但更为严格的科学依据尚需借助高质量的微观数据和合适方法。中国OFDI区位选择是偏好"制度接近"的国家和地区，还是偏好制度优越的国家需要通过制度的绝对差异分析进行深入考证。此外，随着中国OFDI投资结构在未来可能发生的调整，投资选择和投资规模在制度偏好上是否会出现趋同，也会是极富意义的研究。

（5）技术吸收转化效率对中国实现OFDI逆向技术溢出效应的影响。虽然中国在基础设施建设等方面拥有对外直接投资的竞争优势，面向发展中国家的顺向利用型OFDI带动了东道国的经济增长和基础设施的完善，但与发达国家相比，中国在先进技术行业仍存在劣势。面向发达国家进行逆向探索型OFDI以获取技术是目前甚至长期的目标，通过并购、购买专利以及合资等方式到发达国家对外直接投资获取逆向技术溢出以提升产业甚至国家的技术水平。如何将技术再运用到中国，加快中国技术吸收、再创新和产业升级，有效实现OFDI逆向技术溢出效应，是下一阶段在经验层面上我们需要思考的问题。

（6）中国OFDI区位选择对母国产业发展和就业等方面的影响。本书只是从区位选择的角度，考虑中国对外直接投资过程中对东道国的选择。通过实证检验可以发现，中国OFDI区位选择是母国投资动机和东道国投资环境匹配的结果，投资动机会影响中国与东道国的贸易关系以及逆向技术溢出效应的大小。事实上，除此之外，中国OFDI区位选择以及投资动机是否会给母国的产业发展带来"空心化"以及带来何种就业效应，都是下一步我们厘清中国OFDI区位选择需要思考的问题。全面地考量考察中国OFDI区位选择问题需要更进一步的系统化分析。

参考文献

[1]白洁. 对外直接投资的逆向技术溢出效应——对中国全要素生产率影响的经验检验[J]. 世界经济研究,2009(8).

[2]陈德铭,鲁明泓. 国际直接投资区位理论的发展及其启示[J]. 世界经济与政治论坛,2000(2).

[3]陈丽丽,龚静. 中国对外直接投资偏好于东道国服务业发展吗? ——基于170个国家(地区)面板数据的实证分析[J]. 投资研究,2013(3).

[4]陈立敏. 贸易创造还是贸易替代——对外直接投资与对外贸易关系的研究综述[J]. 国际贸易问题,2010(4).

[5]陈立敏,杨振,侯再平. 出口带动还是出口代替? ——中国企业对外直接投资的边际产业战略检验[J]. 财贸经济,2010(2).

[6]程慧芳、阮翔. 用引力模型分析中国对外直接投资的区位选择[J]. 世界经济,2004(11).

[7]邓富华,胡兵. 制度约束下东道国腐败对中国对外直接投资的影响——基于跨国面板数据的门槛效应检验[J]. 中国经济问题,2013(4).

[8]邓明. 制度距离、"示范效应"与中国 OFDI 的区位分布[J]. 国际贸易问题,2012(2).

[9]邓子基、唐腾翔. 国际税收导论[M]. 北京:经济科学出版社,1988.

[10]董有德,赵星星. 自由贸易协定能够促进我国企业的对外直接投资吗——基于跨国公司知识—资本模型的经验研究[J]. 国际经贸探索,2014(3).

[11]逄增辉.国际直接投资理论的发展与演变[J].经济评论,2004(1).

[12]高建刚.经济一体化、政治风险和第三国效应对中国OFDI的影响[J].财贸研究,2011(5).

[13]郭庆旺,贾俊雪.中国全要素生产率的估算[J].经济研究,2005(6).

[14]胡博.我国对外直接投资的区位选择——基于投资动机的视角[J].国际贸易问题,2008(12).

[15]黄益平.对外直接投资的"中国故事"[J].国际经济评论,2013(1).

[16]蒋冠宏,蒋殿春.中国对发展中国家的投资——东道国制度重要吗?[J].管理世界,2013(11).

[17]江小涓.中国开放三十年的回顾与展望[J].中国社会科学,2008(6).

[18]江心英.国际直接投资区位选择综合动因假说[J].国际贸易问题,2014(6).

[19]揭水晶,吉生保,温晓慧.OFDI逆向技术溢出与我国技术进步[J].国际贸易问题,2013(8).

[20]景洪桥,王伟.金融体制、法律起源与我国对外直接投资的区位选择[J].国际贸易问题,2013(12).

[21]李国平.对外直接投资的区位选择与基本分析框架[J].北京大学学报(哲学社会科学版),2000(1).

[22]李辉.经济增长与对外投资大国地位的形成[J].经济研究,2007(2).

[23]李磊,郑昭阳.议中国对外直接投资是否为资源寻求型[J].国际贸易问题,2012(2).

[24]李梅,柳士昌.对外直接投资逆向技术溢出的地区差异和门槛效应[J].管理世界,2012(1).

[25]李荣林.国际贸易与直接投资的关系[J].世界经济,2002(4).

[26]李阳,藏新,薛漫天.经济资源、文化制度与对外直接投资的区位选择[J].国际贸易问题,2013(4).

[27]梁琦. 跨国公司海外投资与产业集聚[J]. 世界经济,2003(9).

[28]刘宏、张蕾. 中国ODI逆向技术溢出对全要素生产率的影响程度研究[J]. 财贸经济,2012(1).

[29]鲁明泓. 制度因素与国际直接投资区位分布:一项实证研究[J]. 经济研究,1999(7).

[30]裴长洪. 中国企业对外直接投资的国家特定优势[J]. 中国工业经济,2010(7).

[31]邱立成、于李娜. 中国对外直接投资:理论分析与实证检验[J]. 南开学报(哲学社会科学版),2005(1).

[32]荣大聂,提洛·赫恩曼. 中国对发达经济体的直接投资:欧洲和美国的案例[J]. 国际经济评论,2013(1).

[33]商务部,国家统计局. 关于印发《中国对外直接投资统计制度》的通知[J]. 国际经济与合作,2005(3).

[34]王碧珺. 被误读的官方数据——揭示真实的中国对外直接投资模式[J]. 国际经济评论,2013(1).

[35]王方方. 异质性条件下中国对外直接投资区位选择研究[D]. 广州:暨南大学,2012.

[36]王明星,孙建中. 入世后中国扩展非洲市场的战略与对策[J]. 山西财经大学学报,2002(8).

[37]汪曲. 技术吸收能力对技术溢出和全要素生产率的影响[J]. 技术经济,2012(1).

[38]王少平,封福育. 外商直接投资对中国贸易的效应与区域差异:基于动态面板数据模型的分析[J]. 世界经济,2006(8).

[39]王恕立,向姣姣. 创造效应还是替代效应——中国OFDI对进出口贸易的影响机制研究[J]. 世界经济研究,2014(6).

[40]王恕立,向姣姣. 对外直接投资逆向技术溢出与全要素生产率:基于不同投资动机的经验分析[J]. 国际贸易问题,2014(9).

[41]王恕立,向姣姣. 制度质量、投资动机与中国对外直接投资的区位选

择[J]. 财经研究,2015(5).

[42]王永钦,杜巨澜,王凯. 中国对外直接投资区位选择的决定因素:制度、税负和资源禀赋[J]. 经济研究,2014(12).

[43]王志鹏,李子奈. 外资对中国工业企业生产效率的影响研究[J]. 管理世界,2003(4).

[44]项本武. 中国对外直接投资的贸易效应研究——基于面板数据的协整关系[J]. 财贸经济,2009(4).

[45]谢杰,刘任余. 基于空间视角的中国对外直接投资的影响因素与贸易效应研究[J]. 国际贸易问题,2011(6).

[46]谢孟军,郭艳茹. 法律质量对中国对外直接投资区位选择影响研究[J]. 国际经贸探索,2013(6).

[47]谢绵陛. 我国企业对外直接投资的区位选择战略[J]. 国际商务——对外经济贸易大学学报,2005(1).

[48]杨宏恩. 边际优势战略下国际投资与国际贸易的关系——来自对东亚投资与贸易的证据[J]. 财贸经济,2007(9).

[49]杨大楷,应溶. 我国企业FDI的区位选择分析[J]. 世界经济研究,2003(1).

[50]阎大颖. 中国企业对外直接投资区位选择及其决定因素[J]. 国际贸易问题,2013(7).

[51]姚树洁,韦开蕾. 中国经济增长、外商直接投资和出口贸易的互动实证分析[J]. 经济学(季刊),2007(1).

[52]约翰·冯·杜能. 孤立国同农业和国民经济的关系[J]. 吴恒康译,商务印书馆.

[53]张春萍. 中国对外直接投资的贸易效应研究[J]. 数量经济技术经济研究,2012(6).

[54]张二震,方勇. 国际贸易和国际投资相互关系的理论研究述评[J]. 南京大学学报(哲学·人文科学·社会科学版),2004(5).

[55]张慧,黄建忠. 我国对外直接投资区位分布的影响因素分析——基于

新经济地理理论的探讨[J]. 国际商务——对外经贸大学学报,2014(5).

[56]张娟. 国际直接投资区位理论综述[J]. 经济纵横,2006(8).

[57]张军,吴桂英,张吉鹏. 中国省际物质资本存量估算:1952—2000[J]. 经济研究,2004(10).

[58]张为付. 中国企业对外直接投资的区位选择和路径安排[J]. 国际贸易问题,2006(7).

[59]张为付,吴进红. 商品贸易、要素流动与贸易投资一体化[J]. 国际贸易问题,2004(5).

[60]张宏,赵佳颖. 对外直接投资逆向技术溢出效应研究综述[J]. 经济学动态,2008(2).

[61]郑展鹏. 中国对外直接投资国内学者研究综述[J]. 首都经贸大学学报,2012(6).

[62]张宏,赵佳颖. 对外直接投资逆向技术溢出效应研究综述[J]. 经济学动态,2008(2).

[63]张建红,周朝鸿. 中国企业走出去的制度障碍研究——以海外收购为例[J]. 经济研究,2010(10).

[64]张为付. 国际直接投资特点的历史研究[J]. 国际贸易问题,2009(5).

[65]张为付. 影响中国企业对外直接投资因素研究[J]. 中国工业经济,2008(11).

[66]赵春明,何艳. 从国际经验看中国对外直接投资的产业和区位选择[J]. 世界经济,2002(5).

[67]赵囡囡,卢进勇. 中国对外直接投资现状、问题及对策分析[J]. 对外经贸实务,2011(12).

[68]赵伟,古广东,何元庆. 外向FDI与中国技术进步:机理分析与尝试性实证[J]. 管理世界,2006(7).

[69]中国国际贸易促进委员会经济信息部. 我国"走出去"战略的形成及推动政策体系分析[EB/OL]. http://www.ccpit.org/Contents/Channel_1276/2007/

0327/30814/content_30814.htm。

［70］宗芳宇,路江涌,武常岐. 双边投资协定、制度环境和企业对外直接投资区位选择［J］. 经济研究,2012(5).

［71］周春应. 对外直接投资逆向技术溢出效应吸收能力研究［J］. 山西财经大学学报,2009(8).

［72］Anderson J E. A Theoretical Foundation for the Gravity Equation. American Economic Review,1979,69(1):106-116.

［73］Aizenman, J., and I.Noy, FDI and Trade-Two way linkages?, Quarterly of Economics and Finance, 2006, Vol. 46(3), 317 － 337.

［74］Baltagi B. H., P. Egger, and M. Pfaffermayr, Estimating Models of Complex FDI: Are There Third-Country Effects?, Journal of Econometrics, 2007, Vol. 140 (1), 260 － 281.

［75］Barney, J., Firm Resources and Sustained Competitive Advantage, Journal of Management, 1999, Vol.17 (1), 99 － 120.

［76］Baumol, W.J., and W. E. Oates, The Theory of Environmental Policy, Cambridge University Press. 1988.

［77］Bedassa T., and R. Michael, Export Platforms and the Industry-Specific FDI-Trade Relationship, Journal of Economic Integration, 2005, Vol.20(4), 644 － 671.

［78］Bernard, Andrew B. Jonathan Eaton, J. Bradford Jensen and Samuel Kortum. Plants and Productivity in International Trade, American Economic Review, 2003, Vol. 93(4), 1268 － 1290.

［79］Bhagwati, J.N., E. Dinopoulos, and K.Y. Wong, Quid Pro Quo Foreign Investment, American Economic Review, 1987, Vol. 82(2), 186 － 190.

［80］Bitzer Jürgen, and M. Kerekes, Does Foreign Direct Investment Transfer Technology across Borders? New Evidence, Economics Letters, 2008, Vol.100(3), 355 － 358.

［81］Braunerhjelm P., L. Oxelheim, and P. Thulin, The Relationship between

Domestic and Outward Foreign Direct Investment: The Role of Industry-specific Effects, International Business Review, 2005, Vol.14(6), 667 – 694.

[82]Braconier, H., K. Ekholm, and Karen Helene Midelfart Knarvik, Does FDI Work as a Channel for R&D Spillovers? Evidence based on Swedish Data, Review of World Economics, 2001, Vol.137(4), 644 – 65.

[83]Bruno Van Pottelsberghe de la Potterie, and F. R.Lichtenberg, Does Foreign Direct Investment Transfer Technology across Borders, Review of Economics and Statistics, 2001, Vol.83(3), 490 – 497.

[84]Buckley, P. J., and M. Casson, 1976, The Future of Multinational Enterprises, London: Macmillan.

[85]Buckley, P. J., L. J. Clegg, A. R .Cross, X. Liu, H. Voss, and P. Zheng, The determinants of Chinese outward foreign direct investment, Journal of International Business Studies, 2007, Vol.38(4),499 – 518.

[86]Buckley P. J., A. R. Cross, H. Tan, X. Liu, and H. Voss, Historical and Emergent Trends in Chinese Outward Direct Investment, Management International Review, 2008, Vol.48,715 – 748.

[87]Cantwell, J., and P. E. Tolentino, Technological Accumulation and Third World Multinationals, University of Reading Discussion Papers in International Investment and Business Studies, 1990, No. 139.

[88]Gary, A. S.C., N. R. Pandit, H. Lööf, and B. Johansson, Geographic Clustering and Outward Foreign Direct Investment, International Business Review, 2012, Vol.21(6), 1112 – 1121.

[89]Chen, K. M. and S.F. Yang, Impact of Outward Foreign Direct Investment on Domestic R&D Activity: Evidence from Taiwan's Multinational Enterprises in Low-wage Countries, Journal of the East Asian Economic Association, 2013, Vol.27(1), 17 – 38.

[90]Chichilnisky, G., 1994, "North-South Trade and the Global Environment", American Economic Review, Vol.84 (4), 851 – 874.

［91］Coe, D., and E. Helpman, 1995, "International R&D Spillovers", European Economic Review, Vol.39(5), 859‒887.

［92］Coe, D.T., E.Helpman, and A.W. Hoffmaister, 2009, "International R&D Spillovers and Institutions", European Economic Review, Vol.53 (7), 723‒741.

［93］Cui, L., F. Jiang, and B. Stening, 2011, "The Entry-mode Decision of Chinese outward FDI: Firm Resources, Industry Conditions and Institutional Forces", Thunderbird International Business Review, Vol. 53(4), 483‒499.

［94］Dierk, H., 2011, "The Long-run Relationship between Outward FDI and Total Factor Productivity: Evidence for Developing Countries", Proceedings of the German Development Economics Conference No.41.

［95］Driffield N., J.H. Love and K. Tayor, 2009, "Productivity and Labor Demand Effects of Inward and Outward FDI on UK Industry", The Manchester School, Vol.77(2), 171‒203.

［96］Dunning, J. H. 1977, "Trade, Location of Economic Activity and the MNE: A Search for an Eclectic Approach", New York: Holmes and Meier.

［97］Dunning, J. H., 1981, "Explaining the International Direct Investment Position of Countries: Towards a Dynamic or Developmental Approach", Weltwirtschaftliches Archiv, Vol.119(1), 30‒64.

［98］Dunning, J. H., 1986, "The Investment Development Cycle Revisited", Weltwirtschaftliches Archiv, Vol.122(4), 667‒677.

［99］Dunning, J. H., 1988, "The Eclectic Paradigm of International Production: A Restatement and Some Possible Extensions", Journal of International Business Studies, Vol.19(1), 1‒19.

［100］Dunning, J.H. and R. Narula, 1996, "The investment development path revisited: some Direct Investment and emerging issues", London: Routledge.

［101］Dunning J H. 1998, "Location and the multinational enterprise: A neglected factor?", Journal of International Business Studies,Vol.29(1), 45‒66.

［102］Dunning, J.H., 2001, "The Eclectic (OLI) Paradigm of International Production: Past, Present and Future", International Journal of the Economics of Business, Vol.8(2), 173 – 190.

[103] Dunning, J. H., and S. M. Lundan, 2008, "Institutions and the OLI Paradigm of the Multinational Enterprise", Asia Pacific Journal of Management, Vol. 25 (4), 573 – 593.

[104] Ekholm, K., R. Forslid and J.R. Markusen, 2007, "Export—Platform Foreign Direct Investment", Journal of the European Economic Association, Vol. 5 (4), 776 – 795.

[105] Estrin, S., D. Baghdasaryan, K.E. Meyer, 2009, "The Impact of Institutional and Human Resource Distance on International Entry Strategies", Journal of Management Studies, Vol.46(7), 1171 – 1196.

[106] Flores, R.G., and R.V.Aguilera, 2007, "Globalization and Location Choice: an Analysis of US Multinational Firms in 1980 and 2000", Journal of International Business Studies, Vol.38, 1187 – 1210.

[107] Foster, V., W. Butterfield, C. Chen, and N. Pushak, 2008, "Building Bridges: China's Growing Role as Infrastructure Financier for Sub-Saharan Africa", Washington DC: The World Bank.

[108] Frieden, Jeffry A., 1994, "International Investment and Colonial Control: A New Interpretation", International Organization, Vol. 48(4), 559—593.

[109] Garrido, E., J. Gomez, J.P.Maicas, and R. Orcos, 2014, "The Institution-based View of Strategy: How to Measure it", Business Research Quarterly, Vol.17 (2), 82 – 101.

[110] Gary, A. S.C., N. R. Pandit, H. Lööf, and B. Johansson, 2012, "Geographic Clustering and Outward Foreign Direct Investment", International Business Review, Vol.21(6), 1112 – 1121.

[111] Gray, Peter, 1998, "International Trade and Foreign Direct Investment: The Interface", in John Dunning (Eds.), Globalization, Trade and Foreign Direct Investment, Oxford, Elseview, 19 – 27.

［112］Goh S. K., K. N. Wong, and S. Y. Tham, 2012, "Does Outward FDI Matter in International Trade? Evidence from Malaysia", MPRA Paper No.39715.

［113］Gordon, R. H., and J. R. Hines Jr., 2002, "International Taxation", Handbook of Public Economics, Vol.4(1), 1935 – 1995.

［114］Griliches Z., 1980, "R&D and the Productivity Slowdown", American Economic Review, Vol.70(2), 343 – 348.

［115］Grossman, G. M., and E. Helpman, 1991, "Trade, Knowledge Spillovers, and Growth", European Economic Review, Vol.35 (2 – 3), 517 – 526.

［116］Habib, M., and L. Zurawicki, 2002, "Corruption and Foreign Direct Investment", Journal of International Business Studies, Vol.33(2), 291 – 307.

［117］Head, K., and J. Ries, 2001, "Overseas Investment and Firm Exports", Review of International Economics, Vol.9(1),108 – 122.

［118］Heckman J.J., 1979, "Sample Selection Bias as a Specification Error", Econometric, Vol.47 (1), 153 – 161.

［119］Helpman, E., 1984, "A Simple Theory of International Trade with Multinational Corporations", Journal of Political Economy, Vol.92(3), 451 – 471.

［120］Helpman, E., and P. Krugman, 1985, "Market Structure and Foreign Trade: Increasing Returns, Imperfect Competition and the International Economy", Cambridge, Massachusetts: MIT Press.

［121］Helpman, E., M. J. Melitz, and S. R. Yeaple, 2004, "Export Versus FDI with Heterogeneous Firms", American Economic Review, Vol.94(1), 300 – 316.

［122］Herzer D., 2011, "The Long—Run Relationship between Outward FDI and Total Factor Productivity: Evidence for Developing Countries", Journal of Development Studies, Vol.47(5),767 – 785.

［123］Herzer, D., 2012, "Outward FDI, Total Factor Productivity and Domestic Output: Evidence from Germany", International Economic Journal, Vol.26 (1), 155 – 174.

［124］Huang, C. H., and Tony Chieh-tse Hou, 2011, "Outward FDI and Productivity: Panel Granger-causality", Empirical Economics Letters, Vol.10 (12), 1259 – 1264.

[125] Hymer, S. H., 1960, "The International Operations of National Firms: A Study of Direct Foreign Investment", PhD Dissertation. Published posthumously. The MIT Press, 1976. Cambridge, Mass.

[126] IMF, "Foreign Private Investment in Developing Countries", Occasional Paper, Washington DC: International Monetary Fund, 1985(33).

[127] Kogut B., S. J. Chang, 1991, "Technological Capabilities and Japanese Foreign Direct Investment in the United States", Review of Economics and Statistics, Vol.73(3), 401 – 413.

[128] Kojima, K., 1978, "Direct Foreign Investment: A Japanese Model of Multinational Business Operations", London: Croom Helm.

[129] Kolstad I., and A. Wiig, 2012, "What Determines Chinese Outward FDI?", Journal of World Business, Vol.47(1), 26 – 34.

[130] Krugman, P. 1991, "Increasing Returns and Economic Geography", Journal of Political Economy, Vol. 9(3), 483 – 499.

[131] La Porta, R., F.Lopez-De-Silanes, A. Shleiger, and R.W. Vishny, 1998, "Law and Finance", Journal of Political Economy, Vol.106(6), 1113 – 1155.

[132] Lall, S., 1983, "The New Multinationals: The Spread of Third World Enterprises", Wiley: New York.

[133] Le, Q. V., and P.J. Zak, 2006, "Political Risk and Capital Flight", Journal of International Money and Finance, Vol.25(2), 308 – 329.

[134] Lichtenberg F. R., and Bruno Van Pottelsberghe de la Potterie, 1998, "International R&D Spillovers: A Comment", European Economic Review, Vol.42(8), 1483 – 1491.

[135] Lipsey. E R., E. D. Ramstetter, and M. Blomström, 2000, "Outward FDI and home Exports and Employment: Japan, the United States, and Sweden", Global Economy Journal, Vol.4, 1524 – 5861.

［136］Liu, X. T. Buck, and C. Shu, 2005, "Chinese Economic Development, the Next Stage: Outward FDI?", International Business review,Vol.14(1), 95 – 115.

［137］Lu, J. Y., X. H. Liu, and H.L.Wang, 2010, "Motives for Outward FDI of Chinese Private Firms: Firm Resources, Industry Dynamics, and Government Policies", Management and Organization Review, Vol.7(2), 223 – 248.

［138］Luo, Y., and R.L.Tung, 2007, "International Expansion of Emerging Market Enterprisess: A Springboard Perspective", Journal of International Business Studies, Vol.38(4), 481 – 498.

［139］Ma, X., T.W.Tong, and M.Fitza, 2013, "How much does Subnational Regiona Matter to Foreign Subsidiary Performance? Evidence from Fortune Global 500 Corporations' investments in China", Journal of International Business Studies, Vol.44(1), 68 – 87.

［140］Markusen, James R., and Lars E. O. Svensson, 1985, "Trade in Goods and Factors with International Differences in Technology", International Economic Review, Vol.26(1), 175 – 192.

［141］Martin, P., and C. Rogers, 1995, "Industrial Location and Public Infrastructure", Journal of International Economics, Vol.39(3 – 4), 335 – 351.

［142］Mathews, J.A., 2006, "Dragon Multinationals: New Players in 21st Century Globalization", Asia Pacific Journal of Management, Vol. 23(1),5 – 27.

［143］Melitz, Marc J., 2003, "The Impact of Trade on Intra-industry Reallocations and Aggregate Industry Productivity", Econometrica, Vol.71(6), 1695 – 1725.

［144］Meyer, K.E., S. Estrin, S.K.Bhaumik, M.W.Peng, 2009, "Institutions, Resources, and Entry Strategies in Emerging Economies", Strategic Management Journal, Vol.30(1), 61 – 80.

［145］Mundell, R.A. 1957, "International Trade and Factor Mobility", American Economic Review, Vol.47(3), 321 – 335.

［146］North, D. C., 1990, "Institutions, Institutional Change and Economic Performance", Cambridge: Cambridge University Press.

[147] North, D. C., 1991, "Institutions", Journal of Economic Perspective, Vol.5 (1), 97 – 112.

[148] OECD, 1996, "OECD benchmark Definition of Foreign Direct Investment", 3rd edition, Paris, Organization for Economic Cooperation and Development, 7 – 8.

[149] Peng, M. W., D. Wang, and Y. Jiang, 2008, "An Institution—based View of International Business Strategy: A Focus on Emerging Economies", Journal of international Business Studies, Vol, 39(2), 920 – 936.

[150] Potterie, Bruno Van Pottelsberghe de la, and F. R.Lichtenberg, 2001, "Does Foreign Direct Investment Transfer Technology Across Borders", Review of Economics and Statistics, Vol.83(3), 490 – 497.

[151] Quer, D., E.Claver, L.Rienda, 2012, "Political Risk, Cultural Distance, and Outward Foreign Direct Investment: Empirical Evidence from Large Chinese Firms", Asia Pacific Journal of Management, Vol.29(4), 1089 – 1104.

[152] Rugman, A. M., 1981, "Inside the Multinational: The Economics of Internal Markets", London: Croom Helm.

[153] Rugman, A., and A.Verbeke, 1998, "Multinational Enterprises and Public Policy", Journal of International Business Studies, Vol.29(1),115 – 136.

[154] Salidjanova, N., 2011, "Going Out: An Overview of China's Outward Foreign Direct Investment", US-China Economic and Security Review Commission.

[155] Shafter W. E., K. Fukukawa, and G. M. Lee, 2007, "Values and the Perceived Importance of Ethics and Social Responsibility: The US versus China", Journal of Business Ethics, Vol.70 (3), 265 – 284.

[156] Sicular T. 1998, "Capital Flight and Foreign Investment: Two Tales from China and Russia", World Economy, Vol.21(5), 589 – 602.

[157] Stoian, C., 2013, "Extending Dunning's Investment Development Path: The role of home country institutional determinants in explaining outward foreign direct investment", International Business Review, Vol.22(3), 615 – 637.

［158］Tinbergen, J., 1962, "Shaping the World Economy: Suggestions for an International Economic Policy", New York: The Twentieth Century Fund, 330.

［159］Tolentino, P.E., 2010, "Home country macroeconomic factors and outward FDI of China and India", Journal of International Management, Vol.16 (1), 102 – 120.

［160］UNCTAD, 1998, "World Investment Report 1998", Switzerland: United Nations Publication.

［161］UNCTAD, 2004, "World Investment Report 2004", Switzerland: United Nations Publication.

［162］UNCTAD, 2006, "World Investment Report 2006", Switzerland: United Nations Publication.

［163］UNCTAD, 2014, "World Investment Report 2014", Switzerland: United Nations Publication.

［164］Vernon, Raymond, 1966, "International Investment and International Trade in the Product Cycle", Quarterly Journal of Economics, Vol.80(2), 190 – 207.

［165］Wang, B. J., and Y. J. Huang, 2011, "Chinese Outward Direct Investment: Is There a China Model?", China & World Economy, Vol.19(4):1 – 21.

［166］Wang, C., J. Hong, M. Kafouros, and A. Boateng, 2012, "What Drives Outward FDI of Chinese Firms? Testing the Explanatory Power of Three Theoretical Frameworks", International Business Review, Vol.21(3), 425 – 438.

［167］Wells, L. T., 1983, "Third World Multinationls: The Rise of Foreign Investment from Developing Countries", Mass: MIT Press.

［168］Witt, M. A., and A. Y. Lewin, 2007, "Outward Foreign Direct Investment as Escape Response to Home Country Institutional Constraints", Journal of International Business Studies, Vol.38 (4), 579 – 594.

［169］Yamakawa, Y., M. W. Peng, and D.L. Deeds, 2008, "What Drives New Ventures to Internationalize from Emerging to Developed Economies", Entrepreneurship Theory and Pratice, Vol.32(1), 59 – 82.

[170] Yao, S., and Z. Zhang, 2001, "On Regional Inequality and Diverging Clubs: A Case Study of Contemporary China", Journal of Comparative Economics, Vol.29(3), 466 – 484.

[171] Yeung, H. W., and W. Liu, 2008, "Globalizing China: The Rise of Mainland Firms in the Global Economy", Eurasian Geography and Economics, Vol.49 (1), 57 – 86.

[172] Zhang, J. H., C. H. Zhou, and H. Ebbers, 2011, "Completion of Chinese Overseas Acquisitions: Institutional Perspectives and Evidence", International Business Review, Vol.20(2), 226 – 238.

[173] Zhao, W., L. Liu, and T. Zhao, 2010, "The Contribution of Outward Direct Investment to Productivity Changes within China, 1991—2007", Journal of International Management, Vol.16 (1), 95 – 101.

后　记

　　构建开放型经济新体制,适应经济全球化新形势,推动"引进来"和"走出去"战略的更好结合是新时期培育国际经济合作竞争新优势的重要路径。2015年,"走出去"战略已实施15年,中国对外直接投资流量稳居全球第三,并在2014年首次成为资本的净输出国。"一带一路"战略也由倡议转变为重要的区域经济发展战略并逐渐全面实施。随着国际产能合作的深化,未来会有越来越多的中国跨国企业到海外投资,更多的中国资本涌入全球市场,科学地研究中国企业对外直接投资的区位选择及对母国经济的反馈效应意义重大。

　　本书是在本人的博士学位论文《中国对外直接投资区位选择影响因素及效应研究——基于投资动机视角》基础上修订完成的。非常有幸的是该博士学位论文《中国对外直接投资区位选择影响因素及效应研究——基于投资动机视角》被评选为"2015-2016年度武汉理工大学校级优秀博士学位论文"。感谢本人博士阶段的导师王恕立教授对博士论文的指导,从博士论文的选题、开题报告的修改和博士论文的撰写都得到了恩师的诸多建议。同时,也要感谢康灿华教授和硕士阶段的导师王龙副教授在求学路上给予我的帮助和鼓励。

　　感谢母校武汉理工大学对我成长和成才路上的栽培,让我完成了人生的一次重要蜕变,更加有勇气迎接和探索未知的挑战;感谢武汉理工大学经济学院的各位领导和老师们,谢谢你们的谆谆教诲。

　　感谢工作室的各位兄弟姐妹,我们曾经一同前行去探求知识的奥妙。

　　感谢我的亲人,你们的陪伴使我从容地度过了无数的顺境和逆境。感谢求学路上相识的同学和朋友们,不断分享、质疑与鼓励让我走地更远。

感谢本人的工作单位中共武汉市委党校的各位领导在日常工作中对本人的关照,感谢各位同事在工作中的关怀。

感谢在本书出版过程中付出辛勤劳动的许波编辑,正是您的一次次修改意见,才使本文得以顺利出版。

本书在编写过程中难免存在不足之处,敬请各位专家和读者不吝赐教。

向姣姣

2015年5月于武汉理工大学初稿

2015年10月于中共武汉市委党校修订